LE
MANUEL DU CITOYEN

DROITS ET DEVOIRS

DE L'HOMME

Par N. BLOCH

> Les lois sont l'expression de la
> conscience publique.
> (MONTESQUIEU. *Esprit des lois*).

PARIS

SANDOZ ET FISCHBACHER, ÉDITEURS

33, RUE DE SEINE ET RUE DES SAINTS-PÈRES, 33

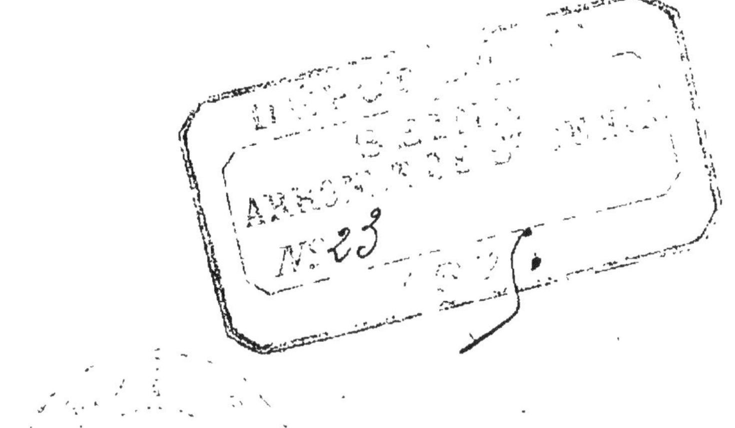

LE
MANUEL DU CITOYEN

Saint-Denis. — Imprimerie J. Brochin

LE
MANUEL DU CITOYEN

DROITS ET DEVOIRS
DE L'HOMME

Par N. BLOCH

> Les lois sont l'expression de la
> conscience publique.
> (Montesquieu. *Esprit des lois*).

PARIS
SANDOZ ET FISCHBACHER, ÉDITEURS
33, RUE DE SEINE ET RUE DES SAINTS-PÈRES, 33

AVANT-PROPOS

Les principes de 89 ! Un mot bien connu ; tout le monde en parle, en raisonne, et comme il arrive généralement dans ces cas, chacun les arrange à sa guise et suivant ses intérêts.

Pas un gouvernement en France, depuis Napoléon Ier, qui n'ait déclaré prendre ces principes comme base de la Constitution, et pas un gouvernement aussi qui ne les ait plus ou moins violés. Étrange destinée ! Ces idées, nées sur le sol français, écloses dans une Assemblée française, sont méconnues dans leur propre pays et leur application rencontre les plus grandes difficultés.

On parle des droits de l'homme, on vante la sagesse et le sens politique de ceux qui les ont formulés, mais personne ne les connaît, ou plutôt personne ne semble les connaître.

Et cependant la situation aujourd'hui est en beaucoup de points analogue à celle dans laquelle se produisit la fameuse déclaration du 12 août 1789.

- Alors comme aujourd'hui, la réaction levait partout la tête. Fortement ébranlée déjà, elle luttait de toutes ses forces contre le droit nouveau.

Aujourd'hui aussi, elle jette feu et flammes, et dans tous les pays de l'Europe, **joue la suprême partie** contre son ennemi éternel, le PROGRÈS. Haletante, épuisée, elle rassemble ses forces pour un nouveau combat, et sans relâche comme sans pudeur, ouvertement et en secret, par tous les moyens indistincte- ment, elle forge les chaînes destinées à asservir la liberté, et avec une habileté qu'on ne saurait lui contester, ourdit toutes les trames pour enrayer la marche de sa rivale.

La réaction se pare de tous les noms, revêt toutes les formes, se glisse par toutes les portes, et si l'on n'y prête une attention soutenue, finit par tout envahir. Aujourd'hui elle a trouvé un nouvel élé- ment à ajouter à tous ceux qu'elle pos- sédait déjà dans son arsenal. Le spectre rouge, employé avec succès depuis quelques années, lui a servi à merveille, et il faut ajouter que certains républicains, par leur zèle intempestif et leur impatience, d'aucuns aussi par leurs excès et l'exagération de leur langage, lui ont singulièrement facilité la tâche.

Elle effraye la bourgeoisie timide et craintive, en lui montrant le fantôme du socialisme, et se fait des alliés avec ceux qui logiquement devaient être ses adversaires.

Mais la peur connaît-elle la logique ?

Aujourd'hui que les uns et les autres marchent contrairement aux principes de la révolution, les uns sciemment et par haine de ses principes, les autres parce qu'ils les ont oubliés, il me paraît utile de les remettre sous les yeux des lecteurs. J'estime faire œuvre sérieuse et patriotique, en publiant cette étude. C'est en remontant aux principes que la France peut se rétablir.

Ceux de 89 l'ont une fois déjà tirée de l'abîme. Ils en feront encore quand elle le voudra, la grande et glorieuse nation.

France, debout !

La République t'appelle.

N. B.

LE
MANUEL DU CITOYEN

LES PRINCIPES DE 89

I

LA SOCIÉTÉ AVANT LA RÉVOLUTION.

Pour bien comprendre le grand mouvement de rénovation sociale qui agita la France d'abord, et l'Europe ensuite, à la fin du dix-huitième siècle, pour bien en saisir le sens et la véritable portée, il est indispensable de jeter un coup d'œil sur les événements qui l'on précédé, et de passer rapidement en revue les éléments qui composaient la société d'alors, ainsi que les idées qui, de longue date, ont préparé la Révolution.

Il serait en effet, bien inexact de croire que la Révolution de 1789 ait été pour ainsi dire un coup d'Etat populaire, et que subitement éclose, elle ne soit que l'expression des idées du dix-huitième siècle. Il est certain que les criants abus du règne de Louis XV ont hâté la crise; mais ce prince eût-il même été le plus vertueux et le plus politique des rois, cette crise n'en eût pas moins eut lieu. Elle était dans l'ordre des choses, et logiquement, fatalement, elle devait se produire.

Il est une loi au-dessus de toute fluctuation politique, au-dessus de toute prévision humaine. Cette loi éternelle et inexorable, que nul ne peut changer parce que personne ne l'a faite, que nul peuple ne peut éviter parce qu'elle est dans l'ordre naturel des choses, cette loi, disons-nous, veut que

.toute société arrivée à une certaine époque se transforme, et ce travail de chrysalide, mystérieux ouvrage du grand TOUT qui constitue l'Univers, tous les peuples la subissent, et son empire absolu s'exerce dans le domaine religieux comme dans le domaine p olitique

Elle procède par tâtonnements, par essais, et puis arrive un moment où la transformation s'accomplit.

Jean-Baptiste prépare la venue de Christ, Jean Huss ouvre la carrière à Luther, comme Vauban et Montesquieu tracent leur chemin à Voltaire et à Rousseau.

La Révolution n'est pas une date isolée dans l'histoire; elle se lie à un ensemble de faits qui ont avec elle une connexité remarquable, et pour la comprendre dans sa cause comme dans ses effets, il faut connaître ces faits.

Le christianisme, qui est l'origine et la cause dominante de notre civilisation moderne, a été, lui, le grand point de départ de la première transformation des temps historiques.

Non pas qu'il ait inventé quelque chose; il a été le véhicule qui a transporté les idées de son époque à travers le monde. Au reste, Jésus n'a jamais prétendu avoir rien innové. Le terrain sur lequel il se plaçait était celui de la morale universelle et les points qu'il discutait était depuis long-temps tombés dans le domaine public. Disciple des rabbins, il a eu le grand mérite de développer, devant le peuple, les enseignements réservés en grande partie jusqu'alors au privilégiés des académies.

Mais ce qui distingue surtout la doctrine de Jésus, ce qui lui imprime son cachet et en fait une époque marquante dans l'histoire de l'humanité, c'est le caractère éminemment social de ses paroles, et partant la véritable signification de la révolution qu'il accomplit. Déjà dans les écrits des rabbins l'esclavage avait été flétri, et cette institution qu'Aristote considérait comme

nécessaire à la société, avait à plusieurs
reprises été fortement battue en brèche.
Jésus lui porta le grand coup en procla-
mant avec énergie l'égalité de tous les
hommes, en s'adressant surtout aux pauvres et en leur prêchant la maxime favo-
rite du sage Hillel : « Ne fais pas à autrui
ce que tu ne voudrais pas qu'on te fît, » et
en leur disant, commentant en cela la Bible
dans son véritable esprit : « Aimez-vous les
uns les autres. »

Il avait donc introduit le principe d'é-
galité dans cette société qui ne connaissait
que le privilége, et faisant appel à tous les
déshérités, à tous ceux qui ne connaissaient
de ce monde que les misères et les peines,
à tous ceux qui travaillaient en souffrant et
souffraient en travaillant, il leur fit entrevoir
de nouveaux horizons, une époque où ils
seraient hommes. Il leur montra l'association qui affranchit l'être humain, réunit les
forces éparpillées en une puissance collective et fut ainsi le premier socialiste.

Pendant dix-huit siècles, le monde civilisé a vécu sous l'influence plus ou moins immédiate de ses idées. Seulement le but qu'il visait fut de beaucoup dépassé, et l'œuvre dont il avait rêvé l'accomplissement devait, dans la main de ses successeurs, prendre une direction différente. Jésus n'avait nullement entendu former un système religieux et, quand sur la fin de sa vie, poussé par les circonstances, débordé par les événements, l'élément religieux se fit jour dans sa doctrine, on peut hardiment affirmer que c'est à contre-cœur qu'il l'y laissa entrer.

Socialiste et se plaçant sur le terrain de la question sociale tel qu'elle existait alors, l'auteur de la révolution chrétienne a accompli une grande transformation. Avant lui, en effet, le travail, faute de machines, était quelque chose de tellement répugnant qu'il échut naturellement à l'esclave. On pourrait même dire, que le travail tel qu'il était organisé alors était la raison d'être et la cause dominante de l'esclavage. Jésus, lui, déplaça le travail, en fit comprendre la véritable signification, et toujours d'accord en cela avec les préceptes des rabbins, le déclara saint. Le premier coup et le plus difficile était porté.

Certes, pendant longtemps encore, le travail devait être considéré comme indigne d'un homme libre, comme si tous les hommes ne l'étaient pas au même degré ; mais il n'est pas moins vrai que la réhabilitation du travail, base de nos sociétés modernes, date de cette époque.

Nous venons de dire que le christianisme, en traversant les siècles, s'altéra de plus en plus et c'est ainsi que nous trouvons la société avant 89, société éclose tout entière sous l'influence de ses idées, en proie à l'inégalité la plus flagrante, aux abus les plus criants, à l'arbitraire le plus révoltant.

Depuis que l'Europe féodale s'était transformée en pays monarchiques et que le principe centralisateur eut prédominé presque partout, l'égalité était restée stationnaire. Divisée en castes bien nettement séparées entre elles, et qui reposaient toutes sur une infériorité dont les uns et les autres semblaient, par un accord tacite, reconnaître l'existence, la société en était encore sur la grave question du travail, presque aux premiers éléments. Il y avait la classe qui devait produire et la classe qui devait jouir. Au-dessus de ces deux classes et les dominant, se trouvait la royauté, échafaudage lentement et patiemment élevé par des ouvriers qui s'appelaient Louis XI, Henri IV, Richelieu et Louis XIV.

Cette royauté s'appuyait forcément sur la noblesse, depuis que cette dernière, après avoir été un danger pour elle, en était arrivée à force de défaites successives à n'oser plus relever la tête.

Or, à côté de la royauté et de la noblesse, entre eux et le peuple, s'était peu à peu élevé une caste particulière, que l'an-

tiquité ne connaissait pas, que le moyen
âge avait vaguement entrevue et qui sentait instinctivement que son rôle arrivait.
Cette caste, c'était la bourgeoisie, qui, ne
pouvant posséder la terre, avait cherché et
réussi à posséder l'argent. D'abord confon-
due avec la foule « taillable et corvéable à
merci, » elle avait grandi, et sortant de
l'ornière, s'était marqué une place spéciale
dans la société. La noblesse féodale ayant
gardé pour elle l'épée, elle s'empara de la
magistrature, du négoce, de l'industrie et
un jour arriva où forcément cette puissance devait voir ses rivales compter avec
elle.

Pendant longtemps elle resta confinée
dans sa sphère étroite. Mais l'inégalité
sociale devenait plus visible à mesure que
la classe des travailleurs diminuant, elle
pesait sur un plus petit nombre. Il arriva
un moment où la bourgeoisie se sentit assez
forte pour tenter l'escalade du pouvoir.
L'oppression accumulée depuis dix-huit

siècles avait acquis son maximum de tension et un effort de plus la brisait inévitablement.

C'est de cet effort qu'est née la Révolution de 1789.

Le peuple brisa ses liens, s'affranchit en affranchissant la bourgeoisie et reprenant la grande pensée qui dix-huit siècles auparavant inspirait le jeune docteur de Nazareth, la pensée d'égalité, il attaqua les priviléges avec un drapeau portant les mots LIBERTÉ, ÉGALITÉ, FRATERNITÉ.

La Révolution était faite.

II

LA DÉCLARATION DES DROITS DE L'HOMME.

Lorsque Louis XVI, en désespoir de cause, et après avoir usé de tous les expédients, se décida à convoquer pour le 5 mai 1789 les États généraux à Versailles, il n'entrait dans sa pensée nul projet de réforme politique et sociale. Les délégués de la nation ne devaient s'occuper que d'un seul point : régulariser la situation financière, gravement compromise par les prodigalités insensées des deux règnes précédents, par les gaspillages honteux et les dilapidations qui étaient inhérents au système de fermage suivi jusqu'alors, et après avoir remis l'ordre dans les caisses du *roy* et assuré pour un certain temps les dépenses, se séparer pour retourner chacun dans ses foyers. La banqueroute, selon l'expression de Mirabeau, « montrait sa tête hideuse » et l'on n'avait trouvé pour la chasser d'autre remède que de faire un appel à la nation, après un silence forcé de près d'un siècle et demi.

Les députés, de leur côté, au moment de la convocation, ne songeaient guère combien leur mission deviendrait grave, et eux aussi, quoique moins que le roi et son entourage, s'attendaient à de purs débats financiers. Tout au plus les plus clairvoyants d'entre eux et les plus hardis osaient-ils songer à un changement dans l'assiette de l'impôt, et à quelques timides réformes dans l'ordre politique. Les événements se chargèrent d'ouvrir les yeux aux uns et aux autres.

Une sorte d'instinct vague, mais sûr, avertissait tout le monde que quelque chose d'extraordinaire allait se passer. On sentait, sans pouvoir s'en rendre exactement compte, qu'une crise sociale était proche, et ceci nous explique comment les cahiers des différents bailliages se trouvèrent, sans aucune entente préalable, d'accord sur les points principaux.

Dès le début, l'esprit qui devait animer l'assemblée se dessina d'une manière assez nette, et après les premières séances, il n'était pas difficile de prévoir que l'orage ne tarderait pas à éclater. Le discours du roi, plein d'une apparente bonhomie et d'un laisser-aller qui n'existait qu'à la surface, était au fond hautain et fier, et donnait à entendre que la royauté ne songeait pas le moins du monde à abandonner la moindre de ses prérogatives. Il invitait l'assemblée à se joindre au souverain pour faire le bonheur du peuple, expression vague et phrase creuse à l'usage de tous les détenteurs de trône, à combler le déficit des finances et dans le cas contraire, le roi seul se réservait le soin de faire nager dans la félicité ses féaux et amés sujets.

A la suite de ce discours, les deux courants d'opinion qui devaient diviser l'assemblée et persister dans son sein jusqu'à la fin, se prononcèrent d'une façon très-caractérisée, et les députés du tiers se séparèrent formellement à ce moment de la noblesse. Les derniers, en effet, entendaient conserver intacts leurs priviléges, tandis que les premiers comprenaient parfaitement que l'heure était arrivée de mettre la main à l'œuvre et de rompre ouvertement avec le passé, qui menaçait de tomber, écrasé sous ses fautes, et d'entraîner la nation avec lui dans sa chute.

Avec un sens politique merveilleux ils démêlaient le besoin de réformes dont la France était travaillée, et mettant du premier coup la main sur la blessure dont elle souffrait, ils comptaient bien ne pas se séparer sans l'avoir guérie, sinon complétement, au moins assez pour que sa convalescence ne l'exposât plus à des rechutes dangereuses.

Déjà le jour du serment du *Jeu de Paume*, ils avaient assez ouvertement manifesté leur intention de ne pas se séparer sans avoir remédié à tout les abus qui existaient, et l'issue de cette première tentative n'était pas faite pour les décourager. Ils se disaient avec raison, ces hommes sortis presque tous de la classe opprimée, que pour faire disparaître l'oppression il fallait en supprimer les causes, et que, tant que l'ancien échafaudage politique subsisterait, la nation, c'est-à-dire la bourgeoisie et le peuple, n'auraient pas la moindre garantie pour elle.

C'est donc au principe lui-même qu'ils s'attaquèrent, et avec raison, car agir autrement, eût été tourner la difficulté pour la retrouver plus tard aussi forte et aussi puissante que ce jour. Mieux valait s'y prendre de suite. Les députés le firent et ils firent bien. Écartant d'une main virile le nuage dont la royauté voilait la situation, ils mesurèrent d'un coup d'œil l'abîme qui se dressait devant eux. Ils se retournèrent vers le peuple, lui criant : Peuple, garde à toi ! Il s'agit de ton avenir. Si tu nous abandonnes, nous sommes tous perdus.

Et le peuple comprit. Il suivit ces hommes, les écouta et, sous leur direction sincère et patriotique, roula ses flots houleux par-dessus tous les priviléges. La vague passa. L'égalité resta.

Cependant, si les mandataires du peuple étaient décidés à maintenir ses droits et à les défendre, la cour et la noblesse, de leur côté, n'en étaient pas moins résolus à écarter toute tentative de réforme et à ajourner indéfiniment ce qui pouvait gêner l'exercice de leurs prérogatives. Déjà dans son entourage, on reprochait à Louis XVI sa condescendance qu'on taxait de lâcheté, et peu à peu on le poussait vers les mesures de rigueur qui finalement devaient précipiter la

Révolution et l'entraîner bien au delà des limites que s'étaient tracées les membres de l'Assemblée constituante.

On lui fit craindre pour sa sûreté personnelle, et la reine Marie-Antoinette, par une série d'imprudences et de coupables menées, lui aliéna plus encore, s'il était possible, l'esprit de la population. Le roi, toujours faible, fit venir des troupes, ce qui exaspéra la capitale. Il renvoya son seul ministre qui jouît de la faveur publique, et le peuple répondant à ces provocations, fit la journée du 14 juillet. La royauté essayait de raffermir son autorité ébranlée ; le peuple, calme et digne, jeta bas la forteresse de la tyrannie. Il souffla sur la Bastille et elle cessa d'exister. Avec ses pierres on bâtit le pont de la *Concorde*. Le temple de l'arbitraire servit à un monument utile. On détruisit les cachots et de leurs débris on fit une œuvre d'union. La liberté inaugurait son règne par un bienfait et un hommage à la civilisation.

A la chute de la Bastille correspondit, dans toute la France, un mouvement analogue. Le peuple des campagnes sentant que l'heure était arrivée, secoua sa colère sur ces donjons féodaux qui depuis des siècles abritaient ses oppresseurs. En un jour, tous les abus, tous les priviléges tombèrent. Droits de chasse et de garenne, dîme et taille, four banal et puits banal, droits d'affouage et corvées s'écroulèrent, et les derniers restes de servage disparurent du sol français. Couvents et châteaux, clergé privilégié et noblesse abusant de son pouvoir, ne furent plus qu'un vain souvenir. La terre fut rendue à tout le monde, et les biens des pauvres, qui ne servaient qu'au bonheur des riches, devinrent *biens nationaux*. Ce jour-là, un immense rayon de liberté éclaira la France, et le paysan connut enfin l'*égalité*, qui procède de la *liberté* et conduit à la *fraternité*.

Pourquoi donc la conscience des peuples traverse-t-elle ces heures d'obscur engour-

dissement, où, oubliant les leçons du passé,
ils se donnent à un maître, et faisant litière
de leurs droits, laissent un homme confisquer leur bien le plus précieux, leur *liberté ?*

Que n'ont-ils toujours présente à leur mémoire cette heure solennelle où la France,
vibrante d'une soudaine émotion, déploya
le drapeau égalitaire, et l'élevant dans les
airs, cria à l'univers étonné et stupéfait :
Sois libre, c'est la loi de la nature ; sois
heureux, c'est ta destinée. Mais sache ce
que tu as à faire. Ton sort est entre tes
mains. Peuples, vous êtes les maîtres. Devant votre souffle impétueux un trône ne
saurait tenir !

Elle devait être belle, cette heure unique
dans l'histoire, où des Alpes à l'Atlantique,
de la mer du Nord à la Méditerranée, cou-
rut un même frisson, où trente millions
d'hommes, hier esclaves, se réveillèrent
maîtres de leurs destinées ! Elle devait être
belle, car l'enivrement de la province se

communiqua partout, et produisit à l'Assemblée cette nuit du 4 août qui est la véritable date de la grande révolution.

Transportés d'un saint enthousiasme, les membres de l'Assemblée déposèrent sur l'autel de la patrie leurs titres et leurs priviléges. Le moyen âge, dans ce qui lui donnait sa couleur originale, dans ce qui faisait sa force, l'inégalité sociale basée sur la naissance, venait de rendre son dernier soupir. Le monde moderne, qui repose sur le privilége basé sur le mérite personnel, commençait. Dans la nuit du 4 août il jeta son premier vagissement

Hélas! nouvel Hercule, l'enfant allait subir bien des attentats, et dans son berceau même on chercha à l'étouffer. Mais fort comme le Droit, il vécut. Bonaparte eut beau l'écraser sous le talon de sa botte impériale, la Restauration eut beau l'enfermer dans ses cachots, il a toujours marché depuis. L'égalité civile et politique, l'égalité sociale, phare lumineux qui dirige la démocratie et guide le peuple, ne peut plus périr : ELLE EST.

Cependant l’Assemblée comprenait que la première chose à faire était d’instruire de ses droits et de ses devoirs ce peuple qui venait de naître à la liberté. Il ignorait les uns et les autres. C’est, mû par cette pensée, qu’il fallait faire des citoyens, que l’Assemblée arrêta, le 12 août 1789, la rédaction des DROITS DE L’HOMME ET DU CITOYEN, idée importée d’Amérique par La Fayette, mais étendue et agrandie de toute la supériorité que la Révolution française avait sur la Révolution américaine.

Désormais le genre humain avait ses titres.

III

LES DROITS DE L'HOMME ET DU CITOYEN.

Voici le préambule par lequel l'Assemblée expliquait son œuvre et la légitimait. Elle avait voulu fixer les principes qui servent de base à la société et au milieu de cette poussière qui l'environnait, au sein de cette société désorganisée, dans le vide qui se faisait, elle posa les points capitaux de l'organisation sociale, comme de gigantesques blocs de granit qui marquent les assises définitives d'un édifice.

Ouvriers de la première heure, ils commencèrent par les fondements, afin de construire sur une base solide, et pour la rendre durable, ils se guidèrent sur la raison. Ils élevaient un monument à l'avenir, ils avaient conscience de ce qu'ils faisaient, la grandeur de leur entreprise ne leur échappait pas, et ils la caractérisèrent en ces termes :

« Les représentants du peuple français, constitués en assemblée nationale, considérant que l'ignorance, l'oubli ou le mépris des droits de l'homme sont les seules causes des malheurs publics et de la corruption des gouvernements, ont résolu d'exposer, dans une déclaration solennelle, les droits naturels, inaliénables et sacrés de l'homme, afin que cette déclaration leur rappelle sans cesse leurs droits et leurs devoirs; afin que les actes du pouvoir législatif et du pouvoir exécutif, pouvant être à chaque instant comparés avec le but de toute institution politique, en soient plus respectés; afin que les réclamations des citoyens, fondées désormais sur des principes simples et incontestables, tournent toujours au maintien de la Constitution et au bonheur de tous.

« En conséquence, l'Assemblée nationale reconnaît et déclare, en présence et sous les auspices de l'Être suprème, les droits suivants de l'homme et du citoyen. »

DÉCLARATION DES DROITS DE L'HOMME.

ARTICLE I.

Les hommes naissent et demeurent libres et égaux en droits. Les distinctions sociales ne peuvent être fondées que sur l'utilité commune.

ARTICLE II.

Le but de toute association politique est la conservation des droits naturels et imprescriptibles de l'homme. Ces droits sont la liberté, la propriété, la sûreté et la résistance à l'oppression.

ARTICLE III.

Le principe de toute souveraineté réside essentiellement dans la nation. Nul corps, nul individu ne peut exercer d'autorité qui n'en émane expressément.

Article IV.

La liberté consiste à pouvoir faire tout ce qui ne nuit pas à autrui : ainsi l'exercice des droits naturels de chaque homme n'a de bornes que celles qui assurent aux autres membres de la société la jouissance de ces mêmes droits. Ces bornes ne peuvent être déterminées que par la loi. .

Article V.

La loi n'a le droit de défendre que les actions nuisibles à la société. Tout ce qui n'est pas défendu par la loi ne peut être empêché, et nul ne peut être contraint à faire ce qu'elle n'ordonne pas.

Article VI.

La loi est l'expression de la volonté générale. Tous les citoyens ont droit de concourir, personnellement ou par leurs représentants, à sa formation. Elle doit être la même pour tous, soit qu'elle protége, soit qu'elle punisse. Tous les citoyens étant égaux à ses yeux, sont également admissibles à toutes dignités, places et emplois publics, selon leurs

capacités et sans autre distinction que celle
de leurs vertus et de leurs talents.

ARTICLE VII.

Nul homme ne peut être arrêté, accusé ni
détenu que dans les cas déterminés par la
loi, et selon les formes qu'elle a prescrites.
Ceux qui sollicitent, expédient, exécutent ou
font exécuter des ordres arbitraires, doivent
être punis; mais tout citoyen, appelé ou saisi
en vertu de la loi, doit obéir à l'instant : il se
rend coupable par la résistance.

ARTICLE VIII.

La loi ne doit établir que des peines strictement et évidemment nécessaires, et nul ne
peut être puni qu'en vertu d'une loi établie et
promulguée antérieurement au délit, et légalement appliquée.

ARTICLE IX.

Tout homme étant présumé innocent jusqu'à ce qu'il ait été déclaré coupable, s'il est
jugé indispensable de l'arrêter, toute rigueur
qui ne serait pas nécessaire pour s'assurer
de sa personne, doit être sévèrement réprimée par la loi.

Article X.

Nul ne doit être inquiété pour ses opinions, même religieuses, pourvu que leur manifestation ne trouble pas l'ordre public établi par la loi.

Article XI.

La libre communication des pensées et des opinions est un des droits les plus précieux des hommes; tout citoyen peut donc parler, écrire, imprimer, librement, sauf à répondre de l'abus de cette liberté dans les cas déterminés par la loi.

Article XII.

La garantie des droits de l'homme et du citoyen nécessite une force publique; cette force est donc instituée pour l'avantage de tous et non pour l'utilité particulière de ceux à qui elle est confiée.

Article XIII.

Pour l'entretien de la force publique et pour les dépenses d'administration, une contribution commune est indispensable; elle doit être également répartie entre tous les citoyens, en raison de leurs facultés.

ARTICLE XIV.

Tous les citoyens ont le droit de constater
par eux-mêmes ou par leurs représentants
la nécessité de la contribution publique, de
la consentir librement, d'en suivre l'emploi,
et d'en déterminer la quotité, l'assiette, le
recouvremeet et la durée.

ARTICLE XV.

La société a le droit de demander compte
à tout agent public de son administration.

ARTICLE XVI.

Toute société dans laquelle la garantie
des droits n'est pas assurée, ni la séparation
des pouvoirs déterminée, n'a point de constitution.

ARTICLE XVII.

La propriété étant un droit inviolable et
sacré, nul ne peut en être privé, si ce n'est
lorsque la nécessité publique, légalement
constatée, l'exige évidemment, et sous la
condition d'une juste et préalable indemnité.

L'abîme était franchi. Entre la société
ancienne gouvernée par le caprice et le

bon plaisir et la société moderne, s'appuyant sur le Droit et la Justice, il n'y avait plus aucune relation. Le régime du despotisme et de l'arbitraire venait de céder la place à celui de l'Égalité, et la conscience humaine avait maintenant un phare qui éclairait le but vers lequel elle tendait.

D'un trait de plume, l'Assemblée avait désigné les véritables causes de tous les malheurs publics, à savoir l'ignorance, et elle avait posé ce principe éminemment juste et salutaire au maintien des sociétés, à savoir que tout citoyen doit connaître ses *droits* pour ne pas les laisser violer, ses *devoirs* pour les accomplir. Connaître les uns sans connaître les autres, serait une éducation civique incomplète, car leur exercice est connexe et se lie étroitement l'un avec l'autre.

Droits implique devoirs absolument comme devoirs suppose l'existence de droits ; l'un ne va pas sans l'autre. Ils existent simultanément et constituent, à eux deux, le fond moral de toute société et les assises sur lesquelles repose l'humanité.

C'est précisément parce que sous le régime précédent la société était partagée en deux classes, dont l'une n'avait que des droits sans aucun devoir, et l'autre que des devoirs sans aucun droit, que l'ancien ordre de choses n'avait pu se maintenir.

.L'arbre social était planté, les racines en l'air et les branches sous terre, et de cette organisation hybride, de cet arrangement monstrueux était sortie la banqueroute morale de l'humanité.

L'Assemblée comprit, du premier coup, que cette banqueroute primait l'autre, et que la France ne pouvait éviter la seconde qu'en se hâtant de prévenir la première. Elle accepta courageusement la tâche que les circonstances lui imposaient. La royauté, en accumulant les fautes, lui avait légué un héritage écrasant; elle jugea que ses robustes épaules pouvaient supporter ce lourd fardeau et elle appela tous les hommes à la liberté. A l'Europe réactionnaire, qui s'apprêtait à jeter ses légions coalisées sur la France en ébullition, elle opposa sa fière déclaration des droits de l'homme et avec ses paroles elle fit des miracles.

« Allez, disait-elle aux citoyens que son souffle puissant semblait animer d'une énergie extraordinaire, allez de par l'Europe semer ces principes que nous venons de vous enseigner. Conquérants d'un nouveau genre, délivrez les peuples au lieu de les asservir ; faites la guerre aux abus et aux préjugés. Montrez au monde étonné la force de l'idée, et prouvez aux populations que celui-là seul est fort qui combat pour le Droit et la Liberté. Promenez dans l'Europe entière le drapeau égalitaire et apprenez à tout le monde que les rois et leurs sujets sont égaux en droits et en devoirs. Allez, car Dieu le veut. »

Et les soldats des légions républicaines

accomplirent leur pèlerinage et, sur le sol fécondé par leur sang, germèrent les idées de 89. Ils furent grands ; ils furent héroïques. Ils furent les apôtres du progrès, car ils révélèrent au monde la vraie bonne nouvelle. Ils exécutèrent une sainte mission, en allant délivrer leurs frères.

Examinons maintenant quels étaient ces principes formulés par l'Assemblée nationale, et qui changèrent la face du monde.

IV

L'ÉGALITÉ.

ARTICLE Ier.

Les hommes naissent et demeurent libres et égaux en droits. Les distinctions sociales ne peuvent être fondées que sur l'utilité commune.

Au moment où l'Assemblée procédait à son œuvre de réorganisation sociale, il était encore reconnu que le privilége de la naissance tenait lieu de tout, et que le hasard, en vous faisant fils d'un homme dont les aïeux avaient figuré aux croisades,

vous octroyait par ce seul fait une supériorité native incontestable. Il était entendu
que la bravoure déployée huit siècles auparavant par un spadassin quelconque, conférait jusqu'à la millième génération un
brevet de grandeur indestructible et indiscutable.

Les *gens de qualité* méprisaient les *roturiers* avec autant de force que ces derniers
enviaient les premiers, et si parfois, à
force de génie, un homme de la classe populaire parvenait à percer la foule, et s'imposait par son esprit et son talent à cette
société frivole et légère qui ne connaissait
que les *aïeux*, un grand seigneur avait bien
soin de le faire rosser par ses laquais de
temps en temps (comme cela arriva à Voltaire, par exemple), afin de ne pas lui faire
perdre la mémoire de son *origine*. Ainsi
régnait, du haut en bas de l'échelle sociale,
l'inégalité la plus révoltante, celle qui
blesse le plus parce qu'elle choque l'instinct
naturel de l'homme, parce qu'elle est en

contradiction flagrante avec ses aspirations les plus élémentaires, parce qu'elle heurte le droit, l'inégalité basée sur la naissance.

Sur elle s'étayait tout l'échafaudage politique qu'il s'agissait de renverser, et c'est pour cette raison que les droits de l'homme débutent par cette revendication de l'égalité par la naissance.

Tous les hommes naissent libres et égaux en droits. Cela veut dire : Noble, manant, bourgeois, roturier, vous avez tous une même origine. Tous vous appartenez à une société dont vous êtes les débiteurs. Vous nobles, parce que vos pères ont rendu des service à cette société, vous n'êtes pas en droit pour cela de lui être inutiles. Sous peine de déchéance, vous devez lui prêter votre concours et vous soumettre à cette grande loi du travail, qui sous mille formes différentes s'applique à tous les hommes indistinctement et gouverne dans son ensemble comme dans ses détails l'humanité tout entière. Vous avez vécu et grandi jusqu'à un certain âge en bénéficiant de tous les progrès accomplis avant vous ; vos vêtements, votre nourriture, votre intelligence qu'on a développée, représentent le produit accumulé de milliers d'années de travail, et les efforts de milliers de vos semblables qui, par ce seul fait, sont devenus vos créanciers. Vous n'avez donc pas le droit de vous soustraire au payement de votre dette, et la société peut vous en réclamer le montant, que vous devez lui solder en un [travail quelconque, contribuant au progrès. Votre père était quelque chose, vous, vous n'êtes rien que par ce que vous faites. Vos œuvres seules vous assigneront une place dans la société en rapport avec la somme de choses utiles que vous aurez faites. La naissance n'est qu'un hasard, le mérite est la justice.

Toi roturier, commence par t'estimer un peu plus que tu ne l'as fait jusqu'à présent. Apprends et retiens bien que l'homme est toujours et partout le même, et que la nature n'a mis d'autre différence entre les êtres de ton espèce, que celle résultant de leur intelligence et de leur travail. Ces grands de la terre que tu révères, devant lesquels tu te prosternes, ce roi dont tu ne prononces le nom qu'en tremblant, ils sont tous bien moins que toi, car toi tu travailles, et eux vivent de ton labeur. Le pain qu'ils mangent provient du sillon que tu as arrosé de ta sueur, le vêtement somptueux qui le pare, provient de la brebis que tu as réchauffée dans ton sein, le diamant qui brille sur sa tête ou à son cou, tu l'as cherché au péril de ta vie au fond de l'Océan. Les haillons qui te couvrent servent à payer le luxe qui l'environne, et ta misère à toi, travailleur, provient de sa splendeur à lui, roi.

Et pourtant, quand il naquit, il était faible comme toi. Ses vagissements ressemblaient aux tiens, et dans ses langes dorés, comme dans ton linge grossier, se débattait la même impuissance.

Sache donc que vous êtes nés égaux
Sache aussi que si les hommes naissent
égaux, ils le restent leur vie durant, et
que, libres au moment où ils entrent dans
la vie, personne n'a le droit de toucher,
sans leur volonté, à un cheveu de leur tête,
pendant tout le temps de leur existence.
L'homme n'a qu'un maître, c'est lui-même,
qu'un guide, c'est la raison.

Pourtant, il y a toujours une inégalité.
Tous les hommes ne sont pas également
riches, également intelligents. Mais cette
inégalité est juste et légitime, car elle se
base sur le mérite.

Tous les hommes ne rendant pas les
mêmes services à la société, ne peuvent
tous jouir à un égal degré des avantages
sociaux. Ils sont soumis à des distinctions
résultant uniquement de leur mérite personnel, et auxquelles toute considération
de naissance, tout privilége sont étrangers.

L'utilité commune, les services rendus,
le progrès accompli, le travail produit,

voilà désormais ce qui donne la mesure de la considération dont jouira un homme.

Le plus grand principe du droit moderne, le travail devenu un devoir social, existait. Peu à peu il passera complétement dans la pratique, pour devenir la base économique de l'avenir.

Mais c'était déjà quelque chose de l'avoir formulé, à une époque où l'oisiveté était considérée comme un devoir par une certaine classe. Désormais, dans la ruche humaine en France, il n'y avait plus de place pour les frelons.

V

LES DROITS.

ARTICLE II.

Le but de toute association politique est la conservation des droits naturels et imprescriptibles de l'homme. Ces droits sont la liberté, la propriété, la sûreté et la résistance à l'oppression.

Après avoir établi les bases de la société par le travail, auquel elle déclare tout homme moralement astreint, l'Assemblée définit cette société et indique nettement le but qu'elle doit poursuivre.

Ce but consiste à garantir à chaque citoyen la libre jouissance de ses droits imprescriptibles, c'est-à-dire de ses droits que nul n'est en droit de lui enlever, qu'il tient de la nature à sa naissance et que la mort seule peut lui ravir.

Après avoir appris à tous les hommes qu'ils étaient égaux, que leur mérite seul les distinguait désormais, l'Assemblée leur dit : Nés égaux, vous avez tous les mêmes droits; tous vous êtes en possession, à titre égal, du grand privilége de l'humanité, qui est d'être à vous-mêmes.

Ces droits *naturels*, comme l'Assemblée les appela avec une justesse d'expression merveilleuse, sont d'abord

LA LIBERTÉ,

c'est-à-dire le droit le plus sacré et le plus inviolable, celui qui fait la supériorité de l'homme sur toutes les créatures et qui lui donne le sentiment de sa force et de sa grandeur. La liberté de l'homme est une conséquence naturelle et logique de sa raison. Dirigé par elle, guidé d'après ses avis, il doit avoir la responsabilité de ses actes. Or, sans liberté, il ne saurait y avoir responsabilité, car quel compte demander de sa conduite à un être qui n'agit pas d'après ses propres inspirations. Est-elle responsable, cette machine inconsciente qui, se brisant sous l'effort de la vapeur, sème la mort et la désolation autour d'elle, et, métal inerte, anéantit en un instant le produit d'un long travail? Est-il responsable, ce torrent furieux qui dévaste les prés qu'il devait féconder, et, rompant ses digues, jette un sauvage défi aux efforts de l'homme?

Donc, ce dernier seul est responsable, parce que par sa raison il a conscience de ses actes, et, en ayant conscience, il doit en subir les conséquences bonnes ou mauvaises. Mais, sans sa liberté, où serait sa responsabilité? Si quelqu'un le forçait à des actes, de quel droit la justice humaine viendrait-elle lui en demander compte? Et ne serait-il pas en droit de lui répondre que, contraint et forcé, il ne peut recevoir aucun reproche et ne mérite aucun blâme?

Donc, la liberté est le premier droit de l'homme, droit primordial, d'où découlent tous les autres, qui leur sert de principe et de base, et qu'il ne peut aliéner sous aucun prétexte.

Cette liberté ne peut être limitée par personne et dans aucun cas, hormis celui où elle gêne une autre liberté. Là elle cesse de plein droit, et ne peut fonctionner aux dépens de sa voisine.

LA PROPRIÉTÉ

est un autre droit également primordial et imprescriptible. L'homme libre peut, en effet, faire des produits de son travail tel usage qui lui convient. Ils lui appartiennent en toute propriété, il en est le maître absolu, personne ne peut les lui enlever, et si, par son activité, par son intelligence, il

est parvenu à accumuler l'épargne et à acquérir des objets, qu'il obtient moyennant
compensation librement débattue, de celui
qui les détient, il en est le despote·et le
souverain, et s'il lui plaît de les anéantir,
de les jeter à la rivière, de les rendre au
néant en un mot, il en est le maître. La
propriété est le fruit de l'épargne. Or,
comme l'épargne est le produit du travail,
la propriété est un droit insaisissable,
qu'elle soit mobilière ou immobilière, terre
ou argent. De même que l'homme est libre
de travailler s'il veut remplir son devoir
social, de même aussi il doit jouir de son
travail, et une de ces jouissances, c'est la
propriété.

Du moment que le citoyen, se soumettant
à la grande loi sociale du travail, remplit
ainsi son devoir, il est en droit aussi de
demander à la société de le garantir dans
sa vie et sa propriété et nous arrivons
ainsi à

LA SURETÉ,

autre droit, non moins sacré que les précédents et qui, en échange de certains sacrifices consentis par le citoyen en faveur de la société, impose à celle-ci le devoir impérieux de le proteger contre toute atteinte. Si toutefois cette société était impuissante à le protéger, ou si elle manifestait une certaine mauvaise volonté à cet égard, le citoyen peut pourvoir de lui-même, et dans la mesure compatible avec la liberté de tous, à sa propre sûreté. C'est un droit pour lui et soit par le corps social, soit par lui-même, il ne doit pas y faillir.

Enfin, de tous ces droits qui précèdent, découle naturellement celui que l'Assemblée a placé à la fin de cet article, celui de

LA RÉSISTANCE A L'OPPRESSION.

Car du jour où le corps social veut léser l'individu dans tout ou partie des prérogatives qui lui sont inhérentes, ce dernier a le droit de repousser, par tout moyen en son pouvoir, cette oppression illégale. L'arbitraire était désormais chassé de son dernier refuge, et ce droit que nous verrons les hommes de 89 développer plus loin dans toute sa plénitude, est formellement consacré. L'homme a des droits et doit les conserver. A celui qui veut les lui ravir, il oppose son dernier droit, celui de la résistance.

Ainsi procéda l'Assemblée avec une logique merveilleuse. Elle définit d'abord l'homme en tant qu'individu et lui indique les droits qu'il a en cette qualité.

Elle passe ensuite au citoyen en tant qu'être social, en tant que membre d'un État, et règle ses droits dans ce second cas.

Rien n'est oublié, tout est à sa place, et l'une après l'autre s'étagent les assises de ce monument grandiose et unique dans l'histoire, que les députés de la nation allaient élever à la gloire de l'humanité.

Le monde moderne quittait ses limbes et, comme le soleil, émergeant des nuages brumeux du matin, il sortait radieux et brillant des ruines dans lesquelles il avait pris naissance.

Honneur à ceux qui présidèrent à ses premiers pas.

VI

LA SOUVERAINETÉ.

ARTICLE III.

Le principe de toute souveraineté réside essentiellement dans la nation. Nul corps, nul individu ne peut exercer d'autorité qui n'en émane expressément.

Aussitôt qu'une réunion d'hommes s'organise en société, il se présente un besoin urgent, immédiat, et qui même, dans l'état le plus rudimentaire, exige une solution quelconque. C'est celui de l'administration.

Il faut régler les rapports des membres de la société entre eux, déterminer d'une manière nette et précise, les droits de chacun, et pour ce faire, les citoyens choisissent entre eux un ou plusieurs délégués qui se chargent, moyennant compensation de la perte de leur temps, du soin des affaires générales de la société. Quand les délégués sont en nombre, l'État est républicain; quand c'est un seul, il prend le titre de roi. Telle est l'origine de la monarchie.

Dans le principe, le souverain n'était que l'élu de la nation, le premier choisi entre ses pairs, celui qui se distinguait entre tous par son courage, par sa force, par son adresse, par sa sagesse et même par sa fortune.

Ainsi Saül, roi d'Israël, était un homme beau et courageux, et l'historien qui nous rapporte son élection la justifie en disant qu'il dépassait l'assemblée de toute la hauteur de la tête. Ajax et Achille étaient les plus forts, Ulysse et Nestor les plus sages de leurs contemporains. Romulus devint le maître en tuant son frère et ainsi de tous les autres.

Plus tard, à mesure qu'on s'éloigne de l'état primitif, que ces traditions se perdent, et que les anciens usages ne deviennent plus qu'un vague souvenir, l'hérédité s'établit et avec elle disparaît la notion de l'élection.

Cependant chez les Germains et chez les Francs, nous trouvons des chefs élus, choisis par leurs hommes d'armes aux champs de mars et de mai, et dont le peuple ratifiait ensuite la nomination quand il les voyait promenés sur le pavois autour du camp.

Mais là aussi les anciens usages disparurent bientôt, et quand la féodalité, morcelant le sol à l'infini, divisa la souveraineté à tel point que bientôt il n'y eut plus que des maîtres et des esclaves, des seigneurs et des serfs, le roi alors devint souverain par la grâce de Dieu, et comme il n'y avait plus d'hommes libres pour déléguer la souveraineté, le monarque ne tint plus son pouvoir que de Dieu.

De là l'origine de la monarchie absolue, dont la puissance, tempérée d'abord par les rivalités qui surgissaient autour d'elle, devint bientôt illimitée, en abattant tout ce qui lui faisait ombrage, et conduisit à ce despotisme type et sans précédent dans l'histoire, qui permit à Louis XIV de dire : « *L'Etat c'est moi.* »

C'est de ces circonstances réunies qu'est sortie la royauté de Richelieu et de Louis XV et aussi le mouvement de 89.

La Révolution, en rendant à l'homme sa liberté, en disant du peuple : *L'Etat c'est nous,* revenait, en ceci comme en toutes choses, aux principes primitifs, les seuls vrais, et effaçant d'un trait de plume quinze siècles de l'histoire, elle remit la souveraineté à qui de droit. Elle posa la maxime que, quelles que fussent les circonstances et en tout état de cause, c'est dans la nation que réside le pouvoir; que le seul, le vrai, l'unique souverain, c'est elle.

La royauté de droit divin pouvait commettre des fautes, ruiner le pays, agir en un mot, suivant son bon plaisir; responsable devant Dieu seulement, personne n'avait le droit de lui demander compte de ses actions, et, renvoyée devant ce tribunal éloigné que la morale individuelle respecte, mais dont la conscience politique des nations ne peut se contenter, elle était libre de faire à sa guise. La Révolution lui opposa sa digue naturelle, et, justicier investi de la confiance publique, elle dit à la royauté: Ton seul, ton vrai juge ici-bas, c'est ce vil troupeau que ton mépris t'a empêché de connaître jusqu'alors. Tu n'es qu'un mandataire à qui le peuple a confié le soin de ses affaires, et, comme tout agent investi d'une charge quelconque, tu lui dois compte de ta gestion.

Bien des orages se sont succédé depuis, bien des fois de noirs nuages sont venus couvrir le radieux soleil de 89, plus d'un jour triste et sombre a passé sur l'humanité depuis le moment où ses droits furent si solennellement proclamés.

La réaction a livré batailles sur batailles, la route de la Révolution, couverte de sang et jonchée de cadavres, est devenue souvent un chemin impraticable à la liberté, les proscriptions, l'exil ont décimé les rangs de la démocratie. Beaucoup des conquêtes de 89 ont sombré dans les naufrages répétés qui ont assailli, depuis quatre-vingts ans, l'esquif de la Révolution, et dans le long et douloureux pèlerinage que les idées de l'Assemblée ont fait, elles ont laissé plus d'un flocon de leur toison blanche aux épines de la route. Mais une chose est restée, un principe essentiel a survécu, et, à travers toutes les tempêtes, a résisté aux attaques combinées de ses adversaires, c'est celui de la souveraineté populaire.

La royauté de droit divin ne lui a pas ménagé les assauts, elle s'est acharnée après lui, mais ferme comme le roc qui défie la fureur aveugte de la vague, il a brisé tous les efforts de ses ennemis, dressant haut la tête, et les forçant toujours à se soumettre avec plus ou moins de bonne grâce.

Phare gigantesque, il tournait ses rayons vers les générations à venir, leur disant : Luttez, luttez toujours avec courage, la victoire vous restera. Vaincu par la Restauration, il triomphe en 1830, s'implante en 1848, et aujourd'hui il a fait le tour de l'Europe. Pas un pays où la souveraineté populaire ne soit implicitement reconnue et sanctionnée dans la loi.

Toute autorité qui n'émane pas du peuple est nulle. Lui seul est compétent et ne peut déléguer son pouvoir que temporairement. Aucune génération ne peut engager la suivante, dont le droit reste intact et entier, et chacune doit l'exercer dans toute sa plénitude.

La société démocratique était fondée, elle avait ses bases.

Le despotisme était vaincu dans sa racine; il pouvait encore s'agiter, vivoter, vivre, plus jamais.

La Révolution était victorieuse.

CECI AVAIT TUÉ CELA.

VII

LA LIBERTÉ.

Article IV.

La liberté consiste à pouvoir faire tout ce qui ne nuit pas à autrui : ainsi, l'exercice des droits naturels de chaque homme n'a de bornes que celles qui assurent aux autres membres de la société la jouissance de ces mêmes droits. Ces bornes ne peuvent être déterminées que par la loi.

Le sage Hillel, qui fut le maître de Jésus et lui transmit avec sa morale si pure ses principes larges et universels de philanthropie, avait l'habitude de ces aphorismes concis qui renferment dans leur brièveté tout une morale, et que nous retrouvons chez tous les philosophes de l'antiquité, orientaux et grecs, qui exprimaient leurs pensées dans des apophtegmes nettement formulés.

Un jour que le docteur juif était assis dans sa chambre, méditant sur l'enseignement à donner à ses disciples, on lui annonce un païen qui demande à lui parler. Introduit en présence du maître, ce dernier lui demanda ce qu'il désirait de lui : Maître, je suis païen, reprit-il, et je voudrais me convertir au judaïsme. Seulement je ne le ferai qu'à une condition, c'est que tu m'enseignes toute la loi pendant que je me tiendrai sur un pied. Cette demande bizarre ne décontenança nullement Hillel. Soit, répondit-il : « *Ce qui t'est désagréable, ne le fais pas à autrui*, voilà la loi et les prophètes, le reste n'est que commentaire. »

Et Jésus reprenant les leçons de son maî-

tre, dit à son tour à ceux qui l'écoutaient :
Aimez-vous les uns les autres et ce que tu ne voudrais pas qu'on te fît, ne le fais pas aux autres.

Morale sublime, qui en quelques mots constitue le fond de toute l'humanité, de tous les devoirs de l'homme, car ces mots veulent dire : Homme, sois juste, honnête, serviable, affable, prêt à voler au secours de ton prochain, ennemi du mal et ami du bien. Car tous vous êtes égaux et tous vous êtes frères, tous vous êtes libres et tous vous êtes solidaires.

La génération de 89 était sous le rapport de l'éducation sociale, comme nous l'avons déjà vu, à peu de chose près dans le même état que la société au moment où le Christ vint prêcher sa doctrine rénovatrice, et l'Assemblée ne trouva pas de meilleure définition à donner à la liberté, que de prendre la maxime du vieux docteur juif et de son disciple, maxime qu'elle devait compléter plus tard de la manière suivante : *Faire à autrui ce que tu voudrais qu'on te fasse.*

Cette seconde maxime, que la franc-maçonnerie, cette puissante initiatrice du progrès et à qui revient en grande partie l'honneur de la révolution sociale de 89, a formulée la première, dépasse l'autre de toute la supériorité de l'affirmative sur la négative.

Hillel et Jésus avaient défendu le mal, prêché l'abstention dans ce cas, ne pas faire à autrui ce que l'on ne voudrait pas se voir faire. La maçonnerie, qui dans ses temples avait longuement et patiemment préparé l'avénement des principes humanitaires et philanthropiques, encouragea l'action en disant: faites ce que vous voudriez qu'on vous fît. Un monde sépare les deux maximes, celui qui existe entre la théorie et la pratique.

L'Assemblée ne pouvait certes trouver une plus belle définition de la liberté que celle que Jésus avait donnée de la morale dix-huit siècles auparavant : *Ne pas faire aux autres ce qu'on ne voudrait pas qu'on vous fit.* C'est-à-dire pour la liberté : Elle est pleine et entière, mais elle coexiste avec d'autres libertés, également entières, et mutuellement elles ne doivent pas se gêner entre elles. L'une s'arrête là où elle entraverait l'exercice de l'autre, et c'est ainsi que liberté et morale, droits sociaux et droits de la conscience se lient étroitement, se complètent et contribuent par leur enseignement, à faire de l'homme *un citoyen.* Toutes deux sont également indispensables pour cette éducation, et c'est pour cela que nous les retrouvons dans ce code abrégé que nous ont légué les législateurs de la fin du dix-huitième siècle.

Ainsi, la liberté est par elle-même illimitée; ses bornes sont celles que lui trace une autre liberté, et devant elle seule elle doit s'arrêter. Prenons un exemple pour faire mieux saisir la chose. Les mouvements de l'homme sont essentiellement libres et subordonnés à sa seule volonté. Ainsi il est libre de faire aller son bras dans tel sens qu'il lui plaît, et aussi longtemps que cela lui convient, mais vienne un moment où ce bras, dans son mouvement, heurte la poitrine ou une partie quelconque d'un corps d'un autre individu, il est évident qu'à ce moment s'arrête la liberté du mouvement de ce bras, parce qu'elle gêne la liberté qu'a un autre de se garer des atteintes de cette main. Telle est la vraie, la seule définition de la liberté. Complète, absolue en elle-même, elle ne peut être restreinte que par une autre liberté, aussi complète et aussi absolue qu'elle et qui jouit, par conséquent, du même droit.

C'est ce que n'ont pas toujours compris les prétendus apôtres de la liberté qui, confondant son usage avec ses abus, soit involontairement, soit à dessein, lui ont porté par là les plus funestes coups.

Ainsi, dans cette grave question de l'enseignement primaire obligatoire, dont personne ne devrait plus cependant contester l'importance, après l'expérience souverainement réussie qu'en ont fait la Suisse et l'Allemagne, dans cette question, disons-nous, on objecte que forcer le père à faire donner l'enseignement à l'enfant, c'est attenter à sa liberté et aller ainsi contre le premier principe de la démocratie. Seulement ils oublient, ces bons raisonneurs, que la liberté peut limiter la liberté, et que conséquemment, la liberté qu'a la société de se garer du danger des illettrés, prime la liberté du père de laisser son enfant dans l'ignorance.

Chacun convient que sous prétexte de respecter la liberté, il est de toute injustice de laisser un homme barrer la rue devant sa porte avec un obstacle quelconque pendant la nuit, parce que les passants, qui ont, eux aussi, la liberté d'y circuler, seraient gênés dans l'exercice de leur droit. Eh bien! cet illettré est un obstacle pour la circulation des idées, il constitue un danger social et une entrave à la liberté générale, et, au nom de ce principe, la liberté du père disparaît devant la liberté générale. Cette liberté est nuisible à la société, et elle consiste seulement à pouvoir faire ce qui ne nuit pas à autrui.

Cependant l'Assemblée ne voulait pas laisser dans le vague les cas où la liberté individuelle doit fléchir devant l'intérêt général. Il y avait là une porte ouverte, par où l'arbitraire pouvait se glisser, et c'est précisément ce qu'il fallait éviter à tout prix. Elle a donc sagement ajouté que les bornes à mettre aux exercices des droits naturels à chaque homme doivent être fixées par la loi.

L'Assemblée bannissait l'arbitraire de tout pour y introduire à sa place la LOI, qui seule gouverne la société moderne. Nous allons voir maintenant ce qu'elle entend par Loi, et quelle part elle entend faire à cet agent tout puissant. C'est l'étude que nous allons aborder dans les chapitres suivants.

VIII

LA LOI.

Article V.

La loi n'a le droit de défendre que les actions nuisibles à la société. Tout ce qui n'est pas défendu par la loi ne peut être empêché, et nul ne peut être contraint à faire ce qu'elle n'ordonne pas.

Dans les premiers temps de l'histoire, lorsque les hommes, encore peu nombreux, se constituèrent en sociétés rudimentaires, images grossières et simples ébauches d'une

civilisation naissante, leurs rapports entre
eux étaient rares, limités aux besoins les
plus urgents et les plus essentiels, et ne
nécessitaient pas de grandes formalités. La
première fois que deux tribus se rencontrè-
rent, elles échangèrent leurs produits de
chasse et de pêche. Peu à peu les relations
s'établirent, on se connut, l'échange prit
des proportions plus considérables, et la situation se compliqua. Parfois, les objets
à échanger n'étaient pas de valeur égale,
l'un était plus recherché que l'autre, les va-
riations que fait subir l'offre et la demande
aux objets étant aussi anciennes que ces objets même et il fallait adopter une règle
unique, une norme à laquelle se rapporte-
raient tous ceux qui étaient en contestation.
Cette règle fut la première loi, et c'est de
cette époque reculée que datent les premiers pas de la jurisprudence, élevée depuis à la hauteur d'une science, et certes,
une des plus importantes.

Plus la société avançait, plus la civilisa-

tion progressait, plus les relations devenaient fréquentes, plus aussi la loi se développait. La simple règle posée en principe
ne pouvait plus suffire. Les cas de litige se
multipliaient, et pour chacun d'eux il fallait une règle spéciale pour le résoudre.

D'ailleurs, la société, en grandissant, en
augmentant en nombre, augmentait aussi
ses besoins intérieurs. Les rapports des
membres de la société entre eux-mêmes
donnaient lieu souvent à contestation et
pour eux aussi il fallait trouver des règles.
On fit donc des lois intérieures, pour la
police, les services dus par les citoyens à la
société, pour leur prescrire, en un mot, ce
qu'ils avaient à faire et ce qu'ils avaient à
éviter.

Manès en Egypte, Brahma dans les
Indes, Moïse en Judée, Solon à Athènes,
Lycurgue à Sparte, furent les premiers
législateurs.

De même que, chez les philosophes grecs,
toutes les sciences étaient comprises sous

le nom général de philosophie, de même
aussi, chez les législateurs antiques, l'élément civil et l'élément religieux se mêlent
et se lient étroitement. C'est au nom de la
religion que les lois sont proclamées, c'est
sous son égide qu'elles sont appliquées et
les juges, dans leurs fonctions, sont assi-
milés aux prêtres dans l'exercice de leur
sacerdoce.

Les premiers philosophes étaient à la fois
physiciens, naturalistes, astronomes, etc.
La philosophie était pour eux la science
par excellence, celle qui les comprend toutes. Les premiers législateurs furent juris-
consultes et prêtres, et c'est sous le couvert
de la divinité qu'ils proposaient leurs lois
au peuple. Numa consultait la nymphe Egé-
rie, absolument comme Moïse recevait les
tables de la main de Jéhovah. Dans ces siècles primitifs, dans cette enfance des nations, comme dans toutes les enfances, tout
est confondu, pêle-mêle. Les nuances ne
viennent que plus tard ; pour le moment,

c'est l'ensemble seul que l'on aperçoit, et la synthèse est une faculté qui ne se développe qu'à un âge assez avancé, chez les peuples tout comme chez les individus.

Peu à peu, cependant, les deux éléments, civil et religieux, commencèrent à se séparer ; à mesure que les besoins sociaux devenaient plus nombreux et plus impérieux, le premier l'emportait et bientôt laissant à son antagoniste le domaine de la morale et de la religion, celui de la conscience, il prit pour lui ce qui lui revenait naturellement, c'est-à-dire le terrain civil et politique. Abandonnant l'homme moral au prêtre, le légiste s'attacha au citoyen, dont les actes, en tant que citoyen, étaient de son ressort. De là deux droits essentiellement distincts ; le *droit canon*, pour régler les points en litige au point de vue religieux, pour fixer la conduite de l'homme envers Dieu, et le *droit civil*, qui détermine nettement tout ce que le citoyen doit à l'État, ou ce qu'il a à en attendre.

Néanmoins, jusqu'en 89, les deux droits se mêlaient, se confondaient tant soit peu, et au besoin se prêtaient mutuellement assistance. La vie civile et la vie religieuse n'avaient pas leurs limites, nettement, rigoureusement tracées, et sur ce point comme sur tous les autres, l'Assemblée devait rompre ouvertement avec le passé pour inaugurer le nouvel ordre de choses.

La loi, dit-elle, n'a le droit de défendre que les actions nuisibles à la société. Cette définition était une conséquence naturelle et logique de celle qu'elle avait donnée de la liberté dans le chapitre précédent. Quel est, en effet, le but de la loi ? Garantir les droits des citoyens entre eux, c'est-à-dire protéger la liberté des membres de la société. Or, la liberté consistant à pouvoir faire tout ce qui ne nuit pas à la société, la loi ne peut défendre que les actes rentrant dans cette dernière catégorie. Encore un coup porté à l'arbitraire.

Le mal dont souffrait la société avant 89

provenait précisément de cet arbitraire qui régnait en toute chose. Au moment où l'ancien régime disparaissait, pour faire place à la liberté, il était urgent de prémunir les citoyens contre les abus qui pouvaient résulter de cette émancipation subite et inattendue, et c'est alors que l'Assemblée leur apprit que tout ce que la loi ne défend pas est permis et qu'on ne peut être forcé à faire que ce qu'elle ordonne expressément.

En d'autres termes, elle disait à ses contemporains : Les ordres que vous pouvez recevoir d'une autorité quelconque doivent être pour vous nuls et non avenus, du moment qu'une loi ne les a pas sanctionnés. De même aussi les entraves que l'on voudrait mettre à votre liberté, vous ne devez les subir qu'après vous être bien assuré que la loi permet de les établir. Ainsi donc, à vous de veiller dorénavant sur vos prérogatives.

Mais cette loi si bien définie, cette loi dont l'Assemblée indiqua si admirablement le but et la portée, qui la fera? Qui a pouvoir, mission, autorité et compétence pour défendre ce qui doit être prohibé, permettre ce qui doit être toléré? Est-ce Dieu? Est-ce un homme? Est-ce la société tout entière? Quels sont les principes qui doivent guider le législateur, l'inspirer et lui dicter son code?

Graves questions, et surtout questions primordiales, qui dominent tout l'ensemble que nous étudions. Nous allons passer à l'examen de ce point.

IX

SOURCE DE LOI.

ARTICLE VI.

La loi est l'expression de la volonté générale. Tous les citoyens ont droit de concourir, personnellement ou par leurs représentants, à sa formation. Elle doit être la même pour tous, soit qu'elle protége, soit qu'elle punisse. Tous les citoyens étant égaux à ses yeux, sont également admissibles à toutes dignités, places et emplois publics, selon leurs capacités et sans autre distinction que celle de leurs vertus et de leurs talents.

Les lois qui, dans le principe, étaient le résultat des observations des sages et des anciens, devinrent peu à peu les règles posées par le souverain, sans aucune participation de la nation. La monarchie, en s'affermissant, s'était affranchie de tout contrôle, de quelque nature qu'il fût, et, ne tenant son pouvoir que de Dieu, ne pouvait permettre à qui que ce soit de lui dicter des lois.

Cependant, les anciennes traditions franques subsistèrent toujours dans le pays, et de temps en temps, jusqu'au jour où elle se sentit complétement maîtresse du terrain, la royauté convoquait les États généraux, qui faisaient des lois. En dehors de ces lois, et pendant tout l'espace qui s'écoulait entre une convocation et l'autre, des années souvent, le souverain rendait des décrets que le Parlement devait enregistrer.

Cette Assemblée, judiciaire dans le principe, mais qui peu à peu et par la force des choses en était arrivée à avoir une certaine influence politique et une part indirecte dans le maniement des affaires publiques, mon-

trait bien parfois un certain esprit d'indépendance, et ne se soumettait pas toujours
avec une parfaite docilité aux édits royaux,
qui se terminaient par ces mots, symbole le
plus caractérisé du pouvoir despotique :
« *Car tel est notre bon plaisir.* » Mais alors la
royauté avait la ressource des *lits de justice*,
séances solennelles où le roi, avec toute sa
cour, venait au Parlement et forçait la compagnie à approuver, bon gré mal gré, ce
qu'il avait ordonné.

Au reste, le droit de *remontrance*, qui avait
été laissé aux Parlements, était purement
illusoire. Le souverain, quand il était gêné
dans son omnipotence, avait encore d'autres cordes à son arc. On se rappelle de
quelle manière hautaine et arrogante
Louis XIV exprima, un jour, sa volonté aux
juges parisiens. Il avait appris, étant à la
chasse, que le Parlement s'était assemblé
pour délibérer sur un de ses édits. Il partit
aussitôt de Saint-Germain, et botté, le fouet
à la main, entra dans la Grande-Chambre,

pour défendre aux conseillers de s'occuper désormais de ce que Sa Majesté daignait ordonner. Et le Parlement obéit.

Sous Louis XV, il fut un peu plus hardi, et montra plus de résistance envers l'amant de Mme Dubarry qu'envers le roi-soleil. Seulement, cette résistance ne pouvait servir de rien, parce que la royauté était en mesure de la briser quand il lui plaisait. En effet, le jour où l'opposition parlementaire devint trop violente, Maupas exila la compagnie à Pontoise. On ne pouvait lui dire plus clairement combien on faisait peu de cas de ses observations.

Or, l'Assemblée était encore trop près de ces agissements pour ne pas s'en souvenir et en tenir compte dans son travail de réorganisation. D'un autre côté, un des plus grands maux des siècles précédents, était le défaut absolu d'unité dans la législation. Il y avait la *coutume* de Normandie, de Bretagne, d'Anjou, etc., etc. Tout était local, et souvent, à Grenoble, un homme périssait en suite de l'arrêt d'une cour qui, siégeant à Bordeaux, l'aurait certainement acquitté.

Il fallait remédier à cette multiplicité de lois de clocher, nées de la féodalité et qui lui avaient survécu. Il fallait, en même temps que l'on revenait à la source, à l'origine de la loi, en définir le caractère et indiquer que cette loi, œuvre de la collectivité, de l'ensemble de la nation, était la seule en vigueur, sur toute l'étendue du territoire. Il fallait, en un mot, une loi française, et c'est à quoi pensa l'Assemblée dans la rédaction de cet article.

Ainsi tous les citoyens doivent concourir à la loi. Ceci est naturel et logique. La loi étant égale pour tout le monde, ne faisant aucune différence, aucune distinction entre les citoyens, ne connaissant aucune secte et aucune caste, doit être l'œuvre de tout le monde, et tous doivent aider à sa formation. C'est même là le principal objet de la représentation nationale, et c'est ce qui explique le nom de corps législatif ou Assemblée législative qui lui est parfois donné.

Un certain nombre de citoyens, réunis en groupe, élisent l'un d'eux, qui possède leur confiance et dont les opinions, les idées et les sentiments cadrent avec les leurs. Ce délégué devient par ce fait représentant, mandataire et comme une incarnation de ses électeurs. Tout ce qu'il dit, tout ce qu'il fait, ce sont eux qui sont censés le dire ou le faire, il s'identifie complétement avec eux.

Tous les groupes de citoyens ayant ainsi nommé leurs délégués, ceux-ci se réunissent et discutent les lois pour les adopter ensuite. Ces lois sont alors véritablement ce qu'elles doivent être, car, débattues ainsi par les mandataires des citoyens, elles sont réellement l'expression de la volonté publique.

Promulguées ensuite, elles sont applicables à tout le monde indistinctement, et nul citoyen ne peut venir réclamer contre la disposition de la loi, car lui-même, par le représentant auquel il a confié son mandat, a travaillé à cette loi et en est ainsi indirectement l'auteur.

C'est après avoir posé ce principe, essentiel en législation, que l'Assemblée put continuer avec fruit son œuvre. Renversant tout ce qui se dressait devant elle, elle prépara les éléments de ce code admirable auquel Napoléon a eu la bonne fortune de pouvoir attacher son nom et que l'Europe entière a pris en partie à la France. Elle fonda ainsi l'unité de législation qui corrobora et fortifia l'unité nationale, bien mieux que cette centralisation formidable qui, depuis, est venue porter un si funeste coup à l'œuvre des hommes de 89.

Heureuse France, si, sagement progressive, elle avait su rester dans les limites que lui avait posées les débutants de la Révolution !

Le principe de l'égalité devant la loi étant formulé, sa conséquence forcée était l'admissibilité de tous les citoyens aux honneurs et emplois publics, sans autre distinction que leur mérite respectif. Sous l'ancien régime, on naissait colonel, président de chambre, et l'hérédité des offices n'était pas un des moindres maux de cette société décrépite qui s'en allait en poussière, désagrégée par le souffle populaire qui rompait des molécules sans cohésion entre elles. Désormais plus de place pour la faveur. Du même coup, la conscience était affranchie, et des millions de citoyens retrouvaient une patrie, des droits, une existence légale. La France ne renfermait plus ni catholiques, ni protestants, ni juifs, mais elle était peuplée de *citoyens français*, professant tel ou tel culte, adhérant, en ce qui concernait leur for intérieur, à telle croyance qui leur convenait, mais placés tous sous le même niveau, celui de la volonté publique exprimée par la loi.

Le gouvernement, qui n'est autre que la loi, ne reconnaissait aucune religion, mais seulement des citoyens, dont il réclamait les services en proportion de leurs capacités.

Déjà des voix éloquentes s'étaient fait entendre en faveur des malheureux opprimés, et un prêtre, dont le nom doit passer à la postérité, car il fut un vrai disciple de Christ, comprenant ses principes, l'abbé Grégoire, curé d'Emberménil, et député du bailliage de Lunéville, se fit leur avocat. Toutes les minorités politiques ou religieuses lui doivent une éternelle reconnaissance, à ce vaillant apôtre du Dieu de vérité, car le premier il réclama leurs droits. Le premier, il osa demander place au soleil et protection par la loi, pour ces déshérités du sort, qui, traités en parias jusqu'alors, s'étaient vus exclus de la société parce qu'ils adoraient Dieu autrement que leurs concitoyens. Le premier, il osa protester contre les bûchers, les proscriptions, en faveur des victimes sacrifiées sur l'autel du fanatisme politique et religieux, et faisant le procès aux persécuteurs passés,

présents et futurs, il plaida d'une voix
mâle et ferme la cause de tous les infortu-
nés, qui souffraient dans leur isolement et
à qui on refusait le droit d'être hommes.
Il fit le procès à Louis XIV révoquant
l'édit de Nantes, et à Torquemada allu-
mant les *auto-da-fé*, et demanda que la
Révolution française, cette grande régé-
nératrice du monde, proclamât l'*égalité
absolue* de tous les citoyens devant la loi.

Et l'Assemblée écouta dans un religieux
silence, les paroles de l'humble desservant
d'un petit village de la Lorraine. Elle ins-
crivit dans cette charte de l'humanité, tra-
cée sur la pierre blanche de la Rénovation sociale, le grand principe de l'Égalité
en Droits.

La nation libre et souveraine déployait
ses aîles et, s'élevant dans les sphères
lumineuses de la Raison, fit justice de tous
les abus. Après l'arbitraire, le fanatisme.
C'est ainsi que les grands hommes de la
Révolution arrachèrent, l'une après l'au-

tre, toutes les verrues qui couvraient l'ancienne société, et mettaient au jour le nouveau né sous l'égide de cette bellle devise :

Fiat lux.

QUE LA LUMIÈRE SE FASSE.

X

LA LIBERTÉ INDIVIDUELLE.

ARTICLE VII.

« Nul homme ne peut être arrêté, accusé ni détenu que dans les cas déterminés par la loi, et selon les formes qu'elle a prescrites. Ceux qui sollicitent, expédient, exécutent ou font exécuter des ordres arbitraires doivent être punis; mais tout citoyen, appelé ou saisi en vertu de la loi, doit obéir à l'instant : il se rend coupable par la résistance. »

Une foi le caractère de la loi bien déterminé et son autorité nettement établie,

il est indispensable que, pour le maintien de la société, elle jouisse de tout le prestige possible. Le citoyen lui doit obéissance complète et absolue, et une fois promulguée, il ne doit plus la discuter. Ici revient l'axiome romain dans toute sa plénitude : *Dura lex, sed lex.* La loi, quelque dure qu'elle soit, est toujours la loi et le citoyen ne peut que s'incliner devant elle, sauf recours aux *délégués-législateurs* qui examineront alors si l'intérêt de la société exige que cette loi soit modifiée ou changée. Car un principe en législation, c'est que l'intérêt général de la société tout entière prime celui du particulier. C'est en vertu de ce principe que la loi peut autoriser les expropriations pour cause d'utilité publique, et déposséder, moyennant indemnité, un propriétaire de tout ou partie de sa propriété, pour y faire un chemin, un canal, ou y construire un édifice dont profiteront beaucoup de membres de la société.

Mais, si le citoyen doit s'incliner devant la loi, lui prêter obéissance, il doit en même temps, comme nous l'avons déjà vu, prendre garde qu'on ne viole sa liberté indûment. Dans l'intérêt de la société, la loi peut faire emprisonner un citoyen, lui ravir sa liberté, le priver de tout ou partie de sa fortune; en d'autres termes, la justice, qui est chargée d'appliquer la loi, a le droit de frapper d'arrêt ou d'amende un membre de la société. Mais ce pouvoir, elle ne peut l'exercer qu'en vertu d'une loi, et d'une manière conforme à cette loi. Tout ce qui sortirait de ces règles serait illégal, abusif, tendrait à l'oppression, et en vertu du *droit de résistance à l'oppression*, le citoyen ainsi atteint et lésé dans l'exercice et la jouissance de sa liberté, peut et doit protester et s'opposer par tous les moyens en son pouvoir.

Toute arrestation non prévue par la loi ne peut s'exécuter, et celui qui en est l'objet peut s'y opposer. De même toute arrestation faite dans des conditions autres que celles formulées dans la loi, ne peut avoir lieu légalement et doit être repoussée pour les mêmes motifs.

Quant à ceux qui, par des voies et moyens quelconques, cherchent à exécuter, ou faire exécuter des arrestations illégales, ils sont passibles de la loi et doivent de ce chef encourir les peines les plus sévères. Nul n'a le droit de se substituer à la loi et d'agir en sa place et lieu.

Il est de toute évidence que l'Assemblée a eu en vue ici de prévenir le retour de ces monstrueux abus qui signalèrent le règne de Louis XV. Elle a voulu abolir à jamais ces lettres de cachet, épée de Damoclès toujours suspendue sur la tête des citoyens, et qui mettait fortune, honneur, famille, à la merci du premier intrigant bien en cour. Sous le règne du Droit, ces choses ne devaient plus se reproduire.

Mais si la loi ne permet pas l'arbitraire, si elle garantit la *liberté individuelle*, elle

veut aussi être obéie. Quand elle commande,
le citoyen doit répondre, et s'il refuse, il
est coupable de résistance à la loi.

Ainsi, l'Assemblée ne reconnaît qu'un
seul pouvoir, la Loi, expression de la volonté générale des citoyens. Cette loi est la
sauvegarde de leurs droits et de leur liberté. Elle les leur garantit, à condition
qu'ils se soumettent à ce qu'elle ordonne.
Il existe de par ainsi entre la société et l'individu un contrat synallagmatique qui lie
à la foi les deux parties et de cette récipro-
cité de droits et de devoirs, naît une sécurité qui est la meilleure des garanties pour
l'observation du contrat.

Sous l'ancien régime, la société recevait
sans donner. A partir de 89, elle a aussi
des devoirs. L'Assemblée lui fournissait de
cette manière la base qui lui manquait.
Désormais elle était inébranlable.

XI

NATURE DE LA PÉNALITÉ.

ARTICLE VIII.

La loi ne doit établir que des peines stric-
tement et évidemment nécessaires, et nul ne peut
être puni qu'en vertu d'une loi établie et pro-
mulguée antérieurement au délit, et légale-
ment appliquée.

De même que sous l'ancien régime, la loi était multiple et se compliquait de toutes les coutumes locales, de même aussi son application était diverse, et la pénalité pour un seul et même délit variait d'un endroit à l'autre. Quelques-unes des provinces récemment conquises, celles qui sous le titre de *pays d'élection*, jouissaient d'une position et de faveur exceptionnelles, avaient conservé leurs priviléges · et leur législation particulière. Ainsi, il arrivait souvent qu'un délit était puni de mort au parlement de Paris, tandis que celui de Metz ou de Grenoble ne pouvaient prononcer, dans la même question, qu'une condamnation entraînant l'emprisonnement.

En outre, les peines étaient loin d'être proportionnées aux fautes, et il n'était pas rare que, pour une peccadille, on imposât la punition la plus draconnienne. Tout ce que seize siècles de barbarie et d'ignorance avaient accumulé en fait de châtiments, se trouvait à la disposition des juges, et ceux-ci ne se faisaient pas faute d'en user. La peine de mort, par exemple, était prodiguée et dans cette société vermoulue, la vie humaine, celle du roturier bien entendu, comptait pour bien peu de chose. Et cette peine de mort se présentait sous une variété d'aspects à faire frémir. Le feu, la strangulation, la décapitation, l'huile bouillante, spécialement destinée aux faux monnayeurs, la roue, l'écartèlement, autant de souvenirs que la vieille Thémis arborait à ses bras anguleux, dressés dans tous les carrefours sous le nom de gibets. La place de Grève était un lieu sinistre, et sur cette plage où s'élève aujourd'hui le monumental Hôtel-de-Ville de Paris, sont venues expirer des hécatombes de victimes, sacrifiées au fanatisme et aux préjugés. Les procès de sorcellerie n'étaient pas rares, et bien des malheureuses, car les femmes surtout figuraient dans ces jugements, bien des malheureuses auxquelles quelques douches et un traitement dans une maison de santé auraient rendu la raison, étaient bel et bien brûlées vivés, pour connivence avec Satan. Là où il fallait le médecin, le tribunal intervenait.

La justice, en un mot, avant 89, était une vengeance de la société et pas autre chose, et cette vengeance était raffinée, barbare, cruelle. L'Assemblée voulut lui rendre son caractère naturel, et elle décida que de *vengeance* elle deviendrait *répression*. La société a évidemment le droit de se garantir contre ceux qui enfreignent ses lois, et qui, par conséquent, sont un danger pour elle; mais là s'arrête son droit. Elle a pour mission de protéger l'individu et non de le faire souffrir.

Aussi, l'Assemblée décida-t-elle que désormais la pénalité à appliquer serait celle strictement nécessaire pour sauvegarder le droit de la société, et qu'au delà de cette limite rien ne pouvait être exercé contre le citoyen en faute.

Evidemment, il faut à la loi une sanction, et cette sanction c'est le châtiment. La justice divine peut se contenter du repentir, d'abord parce que le cœur humain n'a pas de secret pour elle, et ensuite parce qu'elle a l'éternité devant elle. Mais la justice humaine, qui se borne à la vie terrestre, la seule qui tombe sous son action, est obligée de frapper. Mais en frappant, elle ne doit avoir qu'un but, préserver la société et améliorer l'individu. Toute autre idée doit rester étrangère à son verdict, et ce n'est qu'à cette condition qu'elle peut posséder le prestige et la majesté qui lui sont indispensables.

Une des conséquences les plus directes de la théorie nouvelle émise par l'Assemblée en matière de pénalité, est évidemment celle qui conduit à l'abolition de la peine de mort. En effet, une fois le principe de la punition admis à la place de celui de la vengeance, l'on se demande de quel droit la Société enlève la vie à un de ses membres, ce membre fût-il un assassin.

La question a été soulevée bien des fois depuis, et bien des volumes on été écrits pour ou contre la peine de mort. Notre intention n'est pas d'entamer une dissertation que le cadre de cet ouvrage ne comporte pas; nous tenons seulement à faire observer que cette expression : *La loi ne doit établir que des peines strictement et évidemment nécessaires*, est une condamnation implicite de la peine de mort.

En effet, la justice poursuit un double but en châtiant le malfaiteur : 1º elle garantit la société d'un danger que cet homme lui fait courir; 2º elle lui fournit les moyens de se rendre dorénavant utile à cette même société. C'est pour cette raison que le travail est obligatoire dans les prisons, afin que le criminel qui y séjourne, en contracte l'habitude et emporte cette habitude dans la vie civile, lorsqu'il y rentrera. Or l'incarcération est une garantie suffisante pour la société contre le retour d'actes fautifs, et de cette façon l'amélioration de l'individu peut être atteinte d'une manière efficace. Le punir au contraire de la peine capitale, c'est lui enlever toute chance d'amendement.

Et qu’on ne parle pas d’*expiation* nécessaire ! La justice ne doit rien faire expier. La vieille théorie, *œil pour œil, dent pour dent* est passée avec les mœurs qu’elle comportait, et le progrès de la moralité publique, suite nécessaire et logique de la diffusion de l’instruction dans toutes les couches sociales, est un moyen autrement puissant pour combattre la criminalité que l’échafaud. La peine de mort est un anachronisme, un dernier vestige du siècle de fer. C’est au nom de l’humanité et de la raison qu’il faut l’attaquer. Le mot d’Alphonse Karr : « *Je veux bien abolir la peine de mort, à condition que MM. les assassins commencent,* » n’est qu’une spirituelle boutade. Couper la tête à un individu équivaut à l’acte de cet instituteur qui prétend apprendre quelque chose à l’enfant en le frappant.

Ce qu’il faut faire, c’est instruire, moraliser, former la tête et le cœur de l’homme et non lui enlever la vie. La société n’a pas le droit de se venger, car la vengeance doit lui être inconnue ; elle n'a que le droit de faire de cet homme égaré, un citoyen utile. Elle n'a pas le droit de tuer, parce qu'elle est impuissante à réparer son erreur, et l'expérience a prouvé que l'erreur était possible. Les sosies existent parfaitement.

La peine de mort est donc condamnée au nom de la raison, au nom de l'intérêt social, et tout code qui la conserve va à l'encontre des principes de 89.

Maintenant cette loi, en vertu de laquelle le coupable est puni, doit avoir été promulguée antérieurement au délit. Principe éminemment juste et qui est la conséquence nécessaire de la responsabilité des actes. Pour se voir appliquer le châtiment, l'homme qui a commis une faute doit savoir à quoi il s'expose en la commettant ; c'est là une condition de la responsabilité, et c'est pour cela que la loi qui le frappe doit exister. Or, comme nul n'est censé ignorer la loi, le coupable ne peut plaider de circonstance atténuante de ce chef. Volontairement il a failli, sachant ce qui l'attendait, et il est de toute justice alors qu'il subisse sa peine. Il était libre de ne pas mal faire, et en mal faisant, il n'ignorait pas les conséquences que son acte aurait pour lui.

Ainsi, pénalité proportionnée au délit et pénalité connue de tous, voilà les deux grands principes contenus dans cet article.

La justice, sous l'inspiration des hommes de l'Assemblée, rentrait dans son temple et, secouant tous les oripeaux dont le moyen âge l'avait couverte, redevenait la figure sévère et imposante, gardienne du Droit et protectrice de la société.

Les ombres se dissipaient; peu à peu le jour se faisait.

XII

LA PRISON PRÉVENTIVE.

ARTICLE IX.

Tout homme étant présumé innocent jusqu'à ce qu'il ait été déclaré coupable, s'il est jugé indispensable de l'arrêter, toute rigueur qui ne serait pas nécessaire pour s'assurer de sa personne, doit être sévèrement réprimée par la loi.

Un point que les législateurs de 89 ont laissé dans l'ombre, méritait cependant de fixer aussi leur attention. Cette question, sur laquelle il a été beaucoup écrit et peu

élucidé, c'est la prison préventive, aggra-
vation de peine qui résulte d'une simple
présomption et fait de l'accusé un coupable
avant que la justice ait statué sur son
compte. Pourquoi, en effet, incarcérer
l'homme sur lequel plane un simple soupçon?
Pourquoi le retenir en prison pendant de
longs mois souvent, quand le verdict du
jury peut le déclarer innocent? Et qui
rendra à ce citoyen la considération, dont
une partie, si minime qu'elle soit, est toujours perdue pour l'homme qui a passé
entre les quatre murs d'un cachot? Qui lui
rendra ce qu'il a pu perdre dans sa fortune
privée pendant le temps de sa détention?

C'est tout au plus si la prison préventive
se comprend pour le coupable pris en fla-
grant délit et pour qui les preuves du
crime sont patentes. Pour l'assassin, par
exemple, que l'on trouve auprès du cadavre
de sa victime, pour le voleur entre les
mains duquel on saisit l'objet enlevé. Encore l'apparence est-elle souvent trompeuse.

Mais au moins ici l'erreur peut être excusable, tandis qu'en dehors du cas de flagrand délit, elle ne l'est pas.

La prison préventive est un reste du moyen âge, un dernier vestige de ces juridictions sommaires où la justice cherchait un coupable, où à toute force il lui fallait du *gibier de potence*, et elle s'accorde mal avec les règles du droit moderne. Elle est un reste de la torture qu'on infligeait jadis aux accusés pour leur arracher des aveux, et quand on y joint le secret, comme cela arrive souvent, c'est la torture même sous une autre forme. Sait-on ce qui se passe dans l'esprit, pendant ces longues heures de solitude où, livrée à elle-même, la raison la plus solide peut s'égarer et se troubler? Et, combien de présomptions n'ont pas été corroborées par cet isolement, qui exerce sa fatale influence sur l'imagination la mieux trempée? Reste de féodalité, épave du siècle de fer, la prison préventive doit disparaître de nos codes, comme y ont disparu la question, la torture, tous les outrages à l'humanité, tous les démentis à la civilisation.

La Révolution a proclamé l'homme libre, et ce n'est que déclaré coupable par la justice qu'il peut être privé de sa liberté.

Quoi qu'il en soit, si l'Assemblée n'a pas cru devoir, du premier coup, abolir la prison préventive, elle a au moins cherché à en atténuer les rigueurs dans la mesure du possible, et à concilier le respect de la liberté individuelle avec les exigences de la justice. Aucune rigueur inutile ne doit être exercée sur l'individu arrêté. On doit tout simplement chercher à s'assurer de sa personne, et avoir pour lui tous les égards dus à l'homme innocent.

Un autre point qui ressort également de cet article, quoiqu'il n'y soit pas en toutes lettres, c'est l'obligation morale pour le juge de hâter, par tous les moyens en son pouvoir, le moment où la justice prononcera sur le sort de l'homme arrêté. En effet, étant présumé innocent, il n'est que légitime de chercher à lui rendre sa liberté le plus tôt possible, et si les débats prouvent sa culpabilité, il est encore juste que l'arrêt ne se fasse pas attendre.

En tout état de cause, les lenteurs de l'instruction doivent être abrégées, et d'un autre côté, le magistrat, dans ses recherches pour arriver à la vérité, doit laisser de côté certains moyens qui exercent une pression fâcheuse sur l'esprit de celui qu'il interroge.

Simplicité, rapidité, vérité, et surtout égards pour la dignité de l'homme et du citoyen, voilà les règles que l'Assemblée a posées. Pourquoi la justice semble-t-elle quelquefois les oublier, et soulevant le bandeau de ses yeux, compromet-elle la majesté de son sacerdoce par une partialité qui lui enlève de son autorité ? Elle ne doit connaître que le citoyen ; le coupable ne commence qu'à la porte de sortie de son sanctuaire.

XIII

LA LIBERTÉ DE CONSCIENCE.

ARTICLE X.

Nul ne doit être inquiété pour ses opinions, même religieuses, pourvu que leur manifestation ne trouble pas l'ordre public établi par la loi.

Au moment où l'Assemblée discutait les Droits de l'homme, la liberté de conscience était une chose tellement peu comprise, que l'on peut affirmer hardiment que la majorité des citoyens l'ignorait. Le préjugé religieux, l'intolérance existaient avec une force et une vigueur particulières. Dans cette société, qui avait progressé sous tant de rapports, qui dans la question politique était mûre pour la régénération, le sentiment de la liberté religieuse n'était encore qu'à l'état de germe. Le moyen âge avec sa farouche intolérance, avec son inquisition et ses *auto-da-fé*, avec les châtiments atroces imposés aux blasphémateurs, vivait encore en plein dix-huitième siècle.

Quelques années à peine s'étaient écoulées depuis que Sirven et Calas avaient subi leur horrible supplice, et les lois barbares que saint Louis avait édictées contre les hérétiques étaient encore en vigueur. On leur coupait la langue, et aucun supplice n'était de trop. La société laïque avait sa vie civile et sociale étroitement liée à la vie religieuse, et le bras séculier était toujours là pour soutenir et corroborer les décisions du tribunal ecclésiastique.

Le mot tolérance avait été timidement

hasardé par quelques hommes d'un génie supérieur, mais là s'arrêtait tout leur effort. L'idée était loin d'avoir pénétré dans la masse, et sous ce rapport la nation n'était guère plus avancée qu'au seizième siècle. Les protestants et les juifs ne possédaient ni état civil ni existence légale, et les registres municipaux tenus par le clergé excluaient forcément tout ce qui n'était pas catholique.

Un siècle n'avait pas encore passé sur les Dragonnades, et dans cette Assemblée même, qui jetait les bases du nouvel ordre social, ni un juif ni un protestant n'avaient pu siéger. Ils étaient encore des réprouvés.

Ce fut donc un immense pas de franchi, lorsque dans la nouvelle charte de l'humanité se trouva cette pensée : LA CONSCIENCE EST LIBRE. Croire ou ne pas croire, croire n'importe quoi ou à n'importe qui, cela était égal à ces hommes qui comprenaient que le citoyen ne doit pas être doublé nécessairement du croyant, et que si la religion fortifie les bons principes, son absence n'empêche en rien l'accomplissement des devoirs civiques.

L'immixtion de l'État dans les questions dogmatiques leur apparaissait sous son jour véritable, c'est-à-dire comme chose éminemment dangereuse et nuisible aux intérêts sociaux. Ils se disaient avec raison que la croyance d'un homme ne diminue ou n'augmente en rien son mérite personnel, et que les questions de conscience sont trop délicates pour être appréciées par le gouvernement. Tout droit d'ingérance de la part de l'autorité s'arrête là, et le for intérieur est un domaine purement individuel où la main lourde du pouvoir ne doit pas entrer.

Ce que l'État demande au citoyen, ce ne sont ni les prières ni l'exercice et l'accomplissement de devoirs religieux. Il réclame de lui un travail utile à la société, une part contributive dans les charges générales. Il fait des lois en vertu desquelles il est puni quand il commet des crimes ou des délits de droit commun. Hors de là il ne peut rien exiger de lui.

On a souvent dit que l'État ainsi constitué était *athée*. Le mot n'est pas juste. Ce n'est pas athéisme de la part du pouvoir que de garder une attitude égale entre les différentes confessions qui existent sur le territoire, mais bien impartialité juste et équitable. Il n'est en effet institué que pour faire exécuter les lois, et pourvu que les citoyens se conforment à ces lois, il leur doit aide et protection dans une égale mesure et sans aucune distinction entre eux. Il n'a de raison d'être même qu'à cette condition. L'État, être essentiellement impersonnel et qu'il ne faut pas confondre avec les gouvernants, ne connaît dans le pays qu'une seule catégorie d'habitants : les citoyens ou contribuables.

Il leur doit même son appui pour qu'ils aient la liberté de pratiquer leur culte tel qu'ils le jugent à propos, et ne peut pas favoriser l'un au préjudice de l'autre. Quant à ceux qui ne veulent suivre aucun culte, il doit les laisser également libres et ne se trouve en droit d'intervenir que lorsqu'ils violent la loi.

Ainsi, dès cette époque, le principe était nettement posé. *Séparation de l'Eglise et de l'Etat*, c'est-à-dire l'Eglise libre, non pas *dans* mais *à côté* de l'Etat. Vivant côte à côte, sans se nuire et sans se demander aucun aide, les deux sociétés, laïque et religieuse, concourront à l'éducation de l'homme chacune en ce qui la concerne. L'Etat lui apprend ses droits et ses devoirs comme citoyen, l'Eglise lui enseigne sa conduite envers Dieu. A lui de profiter de ce double enseignement dans la mesure qui lui convient. Mais l'un et l'autre sont tenus de rester sur leur terrain respectif, de se renfermer dans leurs droits acquis, et sans chercher à empiéter sur le domaine du voisin.

L'Eglise n'a qu'un point à elle, c'est l'enseignement du catéchisme, les devoirs de l'Eglise. Christ a dit que son royaume n'était pas de ce monde, et la société civile doit tenir essentiellement à ne pas laisser les prêtres sortir du champ que le fondateur de la religion chrétienne leur a assigné. L'État doit former des citoyens qui lui soient utiles et qui marchent avec le progrès. Leur éducation doit donc être dirigée dans ce sens, et il est indispensable que les maximes antisociales du catholicisme moderne ne s'infiltrent pas dans l'enseignement. A la porte de l'Eglise commence le domaine du prêtre. Là, il peut catéchiser, évangéliser, baptiser, administrer librement. Mais il ne peut le faire que là.

Et ce n'est pas seulement du catholicisme que nous entendons parler, mais de toutes les religions en général, protestantisme, judaïsme, etc., etc., car toutes sont mauvaises pour l'école du citoyen qui regarde l'Etat seul.

Maintenant en ce qui concerne les rapports de l'Etat et des Eglises, ils doivent être nuls. L'Etat ne leur doit aucune subvention, aucun traitement. Le prêtre n'est pas un fonctionnaire public, il n'est que l'employé d'une société privée qui le paye en raison des services qu'il lui rend. Quant aux citoyens qui jugent qu'ils peuvent se passer de religion sans être moins honnêtes pour cela, il est de toute injustice que l'Etat prenne une part de leurs contributions pour subventionner des religions, dont la plus clémente les damne au moins une fois par jour.

Il en est de même pour le cimetière. Ce dernier est un terrain civil, et nul prêtre n'a le droit de venir bénir ce terrain et d'en exclure ceux qu'il appelle hérétiques. Ainsi le prêtre relégué dans sa sphère, voilà le sens juste et exact de la séparation de l'Eglise et de l'Etat.

Et cette liberté religieuse invoquée par l'Assemblée est complète et absolue. Comme toutes les libertés, elle n'a de limites qu'une autre liberté. Tant qu'elle reste dans les limites de la loi, elle est légitime, sainte, sacrée, et nul n'a le droit d'y attenter. Mais au-dessus d'elle se trouve la loi, que tous les citoyens doivent respecter.

Les cérémonies religieuses sont libres dans l'intérieur du temple ; hors de là elles sont illégales. Toute manifestation religieuse qui sort dans la rue, est contraire à la loi. C'est l'élément religieux qui empiète sur le terrain civil et il doit en être exclu impitoyablement. L'Etat ne peut connaître aucun culte. Il les ignore. C'est affaire privée entre citoyens.

Donc la liberté religieuse garantie à tous et renfermée dans ses limites naturelles, voilà l'œuvre de l'Assemblée. La société civile grandissait et au fur et à mesure naissaient ses libertés. Le règne du citoyen arrivait enfin.

XIV

LA LIBERTÉ DE LA PRESSE.

Article XI.

La libre communication des pensées et des opinions est un des droits les plus précieux des hommes; tout citoyen peut donc parler, écrire, imprimer, librement, sauf à répondre de cette liberté dans les cas déterminés par la loi.

Depuis le jour où il y a eu des gouvernements et il y en a eu toujours, leur seule et unique préoccupation a été de maîtriser l'opinion publique et de la dominer. Les *lois de Majesté* sont aussi anciennes que les monarchies, et n'ont été inventées que pour garantir la personne du Souverain et ses actes des attaques et des critiques qui pouvaient les atteindre.

Dans les Républiques grecques existait, il est vrai, *l'agora*, et à Rome le *Forum*, cette place publique où se discutait toute la politique, librement et sans entraves. Mais cette indépendance n'eut qu'un temps, et bientôt toute parole malsonnante, toute réflexion qui n'était pas un éloge, était convertie en offense à la Majesté, et la prison, l'amende, l'exil étaient le châtiment de l'audacieux qui s'était permis de trouver mal ce que le Souverain avait daigné trouver bien.

Cet état de choses se perpétua à travers le moyen âge. Toute pensée était comprimée, et l'autorité, jalouse de son pouvoir, avait établi autour de l'esprit humain un cordon sanitaire, pour le préserver des innovations dangereuses. Satan seul pouvait participer aux inventions, et le pape Sylvestre (999-1003) lui-même fut véhémentement soupçonné de relations avec le malin, pour avoir pendant son séjour en Espagne profité un peu de la science arabe. Toute velléité d'indépendance de l'esprit était aussitôt réprimée avec la plus grande rigueur, et toute intelligence qui tentait de s'émanciper avait la prison ou le supplice en perspective. Abeilard paya d'une vie de souffrances sa tentative de recherches personnelles et Roger Bacon expia dans les persécutions les plus odieuses le tort d'avoir devancé son siècle par son génie.

Il fallait croire avec la Bible, penser avec Aristote, et comme les flammes éternelles ne suffisaient pas pour empêcher les esprits hardis de sortir de l'ornière battue, la puissance séculière et civile se mettait de la partie, et sans préjudice aucun des peines en perspective, vous condamnait bel et bien le coupable aux châtiments matériels qui ont une influence directe et immédiate sur notre corps.

L'autorité savait dès cette époque, qu'instruire le peuple, c'était lui mettre entre les mains le glaive avec lequel il couperait ses chaînes, et en bon père de famille qui ne veut pas voir les discussions s'élever dans sa maison, elle tenait ses enfants dans cette sainte ignorance, si profitable aux... gouvernants et si préjudiciable aux gouvernés.

« Jacques Bonhomme paiera, » tel était le refrain en usage, et il était aussi de toute évidence que pour continuer à payer, Jacques Bonhomme ne devait pas apprendre à raisonner. La raison est chose pernicieuse, et l'on n'a que trop bien vu depuis, combien l'instruction est funeste. Un peuple qui raisonne peut encore à la rigueur se laisser tondre, mais à tout le moins veut-il savoir les motifs pour lesquels on le tond, et si un jour ces motifs ne lui paraissent pas supérieurement justifiés, il pourrait bien en arriver à arracher les ciseaux des mains paternelles qui les promènent sur son dos, et les tourner contre elles.

Donc le devoir le plus élémentaire de tout gouvernement qui veut fructueusement pratiquer la tonte des brebis qui lui ont mis la houlette à la main, est de les tenir dans l'ignorance, absolument comme le devoir de ces brebis est de ne négliger aucune occasion de s'instruire.

Jusqu'au quinzième siècle tout marcha pour le mieux. Savoir lire ou écrire était une rareté phénoménale. Le clergé seul était lettré par nécessité de profession. Encore beaucoup de ses membres lisaient-ils avec peine leur bréviaire et là se bornaient toutes leurs connaissances.

La science est, comme chacun sait, chose damnable, et le démon a dès les premiers jours employé ce moyen pour arracher nos premiers parents à cette ignorance, source de toute félicité. L'étude des belles-lettres était abandonnée à quelques rares esprits, et le grec, par exemple, était tellement tombé que lorsqu'un mot grec se présentait, il était habituel de dire « *grecum est, non legitur*, c'est du grec, on ne le lit pas. » La noblesse avait autre chose à faire que d'étudier. Le sabre et la hallebarde occupaient toute son existence, et dans les documents de ces siècles privilégiés se retrouve fréquemment cette phrase :

« *Un tel a déclaré ne savoir signer, vu sa qualité de gentilhomme.* »

Quant au menu fretin, au peuple, à la gent taillable et corvéable à volonté, elle avait à piocher la terre et dur encore.

Le château voulait sa redevance, le couvent sa dîme, le roi sa taille, corvée, etc. Allez parler à ces gens de s'instruire. Quand l'estomac souffre, le cerveau ne peut guère fonctionner.

D'un autre côté, la rareté des livres, leur prix élevé, les rendaient inaccessibles à la masse et les écrits périodiques n'existaient pas. Il fallait des mois pour copier un seul manuscrit, et le nombre des lecteurs était nécessairement très-restreint. Donc jusqu'alors le danger n'était pas grand.

La découverte de l'imprimerie vint changer tout cela. Une fois que le livre put se répandre, la facilité de sa multiplication devait forcément créer des lecteurs. La vie matérielle allait s'améliorant, l'aisance commençait pour la bourgeoisie. Avec l'aisance, l'instruction se développait. Il fallut de toute force régenter, réglementer, comprimer, asservir, et dès sa naissance, la Presse trouva en face d'elle son éternel ennemi, le Pouvoir, armé de pied en cap et prêt à lui faire une guerre sans trêve ni relâche.

Le pilori fut trouvé, et tout ouvrage qui tentait de parler au peuple de ses droits, fut impitoyablement condamné au feu. Quant à l'auteur, les oubliettes étaient là pour lui faire expier le tort immentissime d'avoir osé dire tout haut ce qu'il pensait tout bas.

La seconde moitié du dix-huitième siècle, qui vit naître tous les chefs-d'œuvre où le peuple allait puiser ses notions d'émancipation, est plein de persécutions littéraires.

C'est à *Khel*, sur la terre allemande, que Beaumarchais dût faire l'édition des œuvres de Voltaire qui porte le nom de la petite ville badoise. Absolument comme de nos jours, V. Hugo a dû publier en Belgique ses dernières œuvres. La censure coupait, rognait, retranchait, bref faisait ce que toute censure fait. Elle mutilait la pensée, et ne laissait servir au public que les pièces qui lui convenaient. Voilà pour l'œuvre. Quant à l'écrivain, s'il n'avait la précaution de quitter le royaume, le gouvernement, toujours paternel, se chargeait de lui fournir le logement et la nourriture en certain endroit de plaisance, nommé Bastille. Après la pensée il était naturel qu'on emprisonnât le penseur.

Telle était la position de la presse, quand l'Assemblée se réunit. Elle comprit du pre-

mier coup que la liberté de la pensée était
à tout le moins aussi sacrée et aussi inviolable que la liberté de conscience, et après
avoir affranchi la seconde, elle songea
aussi à enlever à la première la chaîne qui
la liait. Elle décréta donc que tout citoyen
jouirait dorénavant du droit précieux, imprescriptible et inaliénable de *parler, écrire*
et *imprimer librement,* en un mot de mani-
fester son opinion à ses concitoyens sous
telle forme qu'il jugerait convenable et ap-
propriée à ses facultés ou à ses moyens.

Mais comme toutes les autres libertés,
celle-ci est soumise à la loi, car l'abus de
la liberté doit être réprimé avec la même
rigueur que le principe doit en être main-
tenu. Par l'action que la presse exerce sur
le public, par la puissance dominatrice qui
lui revient, elle devient une autorité, et
cette puissance doit tourner au bien de la
société. Comme le théâtre, et bien plus encore que lui, la presse est une école, et par
conséquent son enseignement doit être

essentiellement moral. Hors de là, la loi n'a rien à y voir.

Certes, il s'est trouvé des hommes, qui, faisant litière de leur honneur, abdiquant leur dignité, ont fait de leur plume marchandise vénale, et, consultant les intérêts de leur bourse bien plus que ceux de leur conscience, ont usé de la puissance de la presse au bénéfice de celui qui payait le plus grassement. On est parti de là pour condamner la presse, la déclarer mauvaise, corruptrice et démoralisatrice, et il ne manque pas, aujourd'hui encore, de gens pour lui faire endosser tout le mal qui se fait journellement.

Ainsi c'est elle qui allume toutes les mauvaises passions, qui sert de marche-pied aux ambitions les plus effrénées. C'est la presse qui, à prix d'argent, a prôné toutes les affaires véreuses et contribué pour la plus large part à ce dévergondage éhonté, qui a fait de notre société un vaste *steeple-chase,* ouvert aux plus hardis et où les plus audacieux gagnent le prix.

Ces reproches sont en partie fondés. Mais toute chose a son abus, et cet abus n'est pas une raison pour en interdire l'usage. La langue, disait Esope, avec beaucoup de raison, sert à dire les mensonges, les flatteries, à répandre la calomnie, etc., etc. Est-ce un motif pour couper aux hommes la langue. Ce serait folie, car elle sert aussi de véhicule à la vérité et aux pensées généreuses. La vapeur fait parfois explosion et cause de grands malheurs. Laisse-t-on pour cela de côté ce puissant agent du progrès? Les chemins de fer déraillent parfois, et pourtant il ne viendrait à l'idée de personne de partir de là pour supprimer les chemins de fer. Eh bien! il en est de même de la presse. Sans elle, plus de contrôle des affaires publiques, sans elle l'opinion endormie dans une stagnation complète se désintéresserait des affaires du pays.

C'est grâce à l'invention de l'homme de Mayence que nous pouvons nous communiquer nos pensées, redresser les erreurs, reproduire et conserver tous les chefs-d'œuvre que produit le génie humain, et répandre les connaissances utiles, les vérités qui se font jour dans notre esprit.

La liberté de la presse porte son correctif en elle-même, et si d'une main elle blesse, l'autre tient tout préparé le baume qui cicatrisera la plaie. Il en est de la presse comme de la liberté. Le sage en use, le fou en abuse. Mais la condamner en bloc, serait chose injuste et foncièrement mauvaise.

La presse doit être régie par les mêmes lois auxquelles sont soumises toutes choses dans un État. Les délits qu'elle commet sont des délits de droit commun, et dès lors rentrent dans les attributions ordinaires du *jury*. Toute loi sur la presse, fût-elle la plus libérale, est une loi d'exception, et comme telle n'est pas en droit de figurer dans un code. Quant à la suppression de journaux, elle est une monstrueuse atteinte à la propriété et une violation flagrante de ce droit que l'Assemblée a reconnu comme indéniable et indiscutable. La presse est une propriété aussi sacrée et aussi inviolable que toutes les autres et nul n'a le droit d'y toucher.

On lui reproche de commettre des extravagances. Mais qui donc leur donne de la valeur, les met en relief, si ce n'est l'autorité avec sa maladroite intervention. Persécuter une idée est le plus sûr moyen de la propager, et pour tirer un homme de l'obscurité et attirer sur lui l'attention publique, il suffit de lui infliger un martyre quelconque. Les sympathies de la foule, naturellement généreuses, se portent vers celui qui souffre, et l'attrait du fruit défendu aidant, les mesures d'exception atteignent un but diamétralement opposé à celui qu'elles visaient. Les livres les plus lus sont ceux qu'on met à l'index, et les journaux qui se vendent le plus sont ceux qu'on a interdits.

Ce fait se retrouve partout, jusque dans l'enfance, où tout pupître de collégien renferme invariablement dans son coin le plus caché le roman qu'on soustrait à l'œil investigateur du maître d'études.

Que l'autorité au contraire se taise, qu'elle laisse faire, qu'elle ne se mêle pas dans ces questions, et le bon sens public aura bientôt fait justice de ce qui lui convient ou ne lui convient pas. Lui seul est juge et capable de distinguer l'ivraie du bon grain.

Ainsi pas de loi sur la presse, pas de censure, mais le simple droit commun, la loi ordinaire et le jury pour réprimer les délits, voilà la meilleure formule en fait de liberté de la presse.

Ni faveurs, ni peines exceptionnelles.

Maintenant, si l'Assemblée n'a pas expressément consigné dans cet article la liberté du droit de réunion, c'est qu'il en découle naturellement et logiquement. Il en est le corollaire indispensable et leur exercice est connexe. La liberté de se réunir, où, quand et en tel nombre que cela convient, est en effet utile et nécessaire à l'éducation civique.

L'homme, a dit Aristote, est un être sociable, et si la nature lui a accordé la parole pour se faire comprendre de ses semblables, et l'intelligence nécessaire à l'élaboration des pensées qu'il doit exprimer, c'est qu'elle a voulu qu'il vive en société, qu'il se réunisse à d'autres hommes et elle l'a à cet effet doué d'organes qui le mettent à même de communiquer avec eux, et de facultés qui lui permettent de rendre ces relations agréables et fructueuses.

C'est en se réunissant que les citoyens échangent leurs pensées, qu'ils parlent des affaires publiques. Si l'homme vivait seul, isolé, il pourrait bien encore penser, mais le moyen de contrôler ses pensées, de distinguer le faux du vrai, lui manquerait absolument. La discussion seule peut le mettre à même de porter un jugement sur ses raisonnements, et de redresser les erreurs qui peuvent s'y être produites. C'est par la comparaison qu'il reconnaît si une idée est vraie ou fausse, et si les siennes étaient les seules qu'il entendît, il en serait de lui comme d'un homme qui, n'ayant jamais entendu qu'une cloche, serait hors d'état de juger si elle sonne faux ou non, si le timbre en est juste ou fêlé.

Les anciens avaient si bien compris ce principe que toutes leurs affaires, comme nous l'avons dit plus haut, se traitaient sur la place publique. Dès qu'il se produisait un événement important, les citoyens se réunissaient en un endroit déterminé et délibéraient. Chez les Hébreux, c'était à l'entrée de la porte principale de la ville, chez les Grecs et les Romains, c'était sur la place centrale de la ville. Mais dans tous les cas il y avait réunion et chacun pouvait y donner son avis.

Aussi les gouvernements despotiques qui ont voulu tenir l'opinion publique dans

leurs mains, en ont-ils usé à l'égard du
droit de réunion absolument comme à l'é-
gard de la presse, et les lois les plus res-
trictives sont venues limiter l'exercice de
ce droit, jusqu'au point de le rendre complétement illusoire. En 89, on peut dire
qu'il n'existait pas du tout, et ce fut une
des premières innovations de la Révolution que le droit de réunion accordé aux
citoyens dans la mesure la plus large et la
plus complète. Des *clubs* s'organisèrent de
tous les côtés, et c'est ainsi que pénétra en
France le régime qui existait depuis longtemps en Angleterre, et qui est la base de
la grandeur de l'Amérique.

Dans ces deux pays, dans le dernier surtout, il n'est pas rare de trouver dans la
classe des travailleurs de très-bons ora-
teurs, et cela parce que chacun a la faculté et
la liberté de s'exercer à la parole publique.

Dans notre vieille Europe, en France
particulièrement, le droit de réunion a été
tellement réglementé qu'il ne pouvait plus

s'exercer. L'autorité prenait peur de tout et limitait à vingt personnes le nombre de ceux qui pouvaient discuter entre eux des affaires politiques. De cette manière le pays se désintéresse de ce qui devrait l'occuper, et court, les yeux fermés, vers l'abîme que lui creuse la démoralisation générale. L'égoïsme se développe, et finit, après avoir absorbé l'individu, par envahir la masse.

Et pourtant, le droit de réunion est un des plus nécessaires à la vie politique. Sans lui pas de citoyens. Il est le germe du principe si fécond de l'*association*, qui seul donnera la solution vraie et équitable de la question sociale. Il établit les relations entre les différentes classes de citoyens, et conduit à la véritable *égalité*, celle qui élève et ennoblit.

Voilà les fruits des réunions, et on ne saurait trop les encourager. Aussi l'Assemblée qui a voulu fonder une société démocratique, s'est-elle bien gardé de les proscrire.

XV

LA FORCE PUBLIQUE.

Article XII.

La garantie des droits de l'homme et du citoyen nécessite une force publique ; cette force est donc instituée pour l'avantage de tous et non pour l'utilité particulière de ceux à qui elle est confiée.

Jusqu'ici c'étaient les Droits seuls du citoyen que nous avons trouvés. Maintenant commencent les Devoirs non moins sacrés et importants.

Nous allons successivement étudier quelles sont les charges du citoyen envers l'État, et les sacrifices auxquels il doit se soumettre pour jouir de ses Droits.

Si les sociétés humaines étaient parfaites, si aucun défaut ne se glissait dans leur organisation, si composées uniquement d'individus vertueux, le vice y étaient inconnu, il n'y aurait jamais de délit à réprimer, de faute à punir, de crime à châtier. Les choses iraient avec un ensemble charmant, et, Pangloss pourrait s'écrier avec vérité : *Tout est pour le mieux dans le meilleur des mondes possibles.*

Fénelon, dans le plus beau roman sorti d'une plume française, dans son Télémaque, nous fait le portrait d'un pays, rêve de tous les utopistes généreux, et auquel il donne le nom de Bétique. Là règnent l'égalité la plus parfaite, et la justice la plus idéale ; les procês y sont inconnus, et les juges y ont des vacances perpétuelles. Les avocats ne savent que faire de leur langue,

et les huissiers chôment faute d'exploits.
La terre y produit d'abondantes récoltes,
et les maladies ne franchissent jamais ces
frontières heureuses. La guerre n'y exerce
pas ses ravages, et aucune de ces calami-
tés, qui ne nous visitent que trop souvent,
n'y a encore fait son apparition. Bref, c'est
le pays des délices.

Mais comme le paradis de Moïse, comme
les îles fortunées d'Hésiode, la Bétique est
une région éclose sous la plume enchante-
resse et enchantée d'un charmant conteur,
et n'a jamais existé que dans ce livre, le
plus beau répétons-nous, de la langue française, puisque l'*Imitation* est écrite en
latin.

Dans nos sociétés purement humaines,
l'idéal est banni. Là, tout est prosaïque,
réel. On y bataille, on y guerroie, on y
vole, on y tue, on y désobéit aux lois, et
on s'y fait mettre en prison. Nos passions
qui ne sont pas toutes bonnes, trouvent une
issue, et le mal se fait dans les mêmes

proportions que le bien. Des divers mobiles de nos actions, l'intérêt personnel étant le plus puissant, il en résulte naturellement que souvent cet intérêt est en opposition avec les besoins généraux de la société, et dès lors il faut la loi pour sauvegarder les droits du plus grand nombre. Or, pour faire exécuter cette loi, pour lui donner une sanction, pour forcer les citoyens à lui obéir, la force publique est nécessaire. Elle doit donc exister comme sanction de la loi.

Elle vise encore un autre but. En effet, d'après ce que nous avons déjà vu, il y a différents droits dont la jouissance est inhérente à la qualité du citoyen. Eh bien ! pour protéger ces droits, pour les garantir, pour mettre tout le monde à même d'en bénéficier, il faut qu'au besoin la société soit en état de faire respecter sa volonté, ces décisions, et ici intervient encore la force publique. Mais là se borne sa mission. Faire exécuter la loi, votée par les représentants, librement élus par le pays, et p̱ermettre à chacun d'user dans la limite légale de ses droits, voilà le rôle de la force publique.

Et l'Assemblée a eu bien soin de l'indiquer clairement, en disant que cette force est instituée pour l'avantage de tous et non pour l'utilité de ceux à qui elle est confiée. E.1 effet, pour suffire à la tâche qui incombe à la société, il lui faut une force intérieure. Qu'elle s'appelle police, gendarmerie, garde nationale, milice civique ou tel autre nom, peu importe. L'essentiel est qu'elle ne dégénère pas en armée permanente.

Les hommes qui rédigèrent les Droits de l'homme, avaient pour eux l'expérience de l'histoire, et ils se rappelaient tous les malheurs que le césarisme, avec ses cohortes prétoriennes, avait déchaînés sur le monde. Ils savaient fort bien qu'une armée permanente, ne fût-elle composée qu'avec des soldats de la liberté, finit par être toujours à la dévotion de celui qui la commande, et ils ne voulaient pas laisser de porte ouverte à la tyrannie. Après avoir travaillé sans relâche à détruire ce pouvoir despotique qui étouffait la France, ils ne songeaient qu'à en prévenir le retour.

Avec une prescience admirable, ils comprenaient où était le danger, et on dirait vraiment que dès ce moment, avec cette logique inflexible de l'histoire, ils voyaient poindre à l'horizon, le 18 brumaire avec ses conséquences.

Ils ont fait de leur mieux pour l'empêcher.

Pourquoi la France a-t-elle oublié leurs leçons, dédaigné leurs graves et véridiques paroles.

Sans armées permanentes, la royauté n'est pas possible. Elle seule en a besoin, et elle trouve alors à sa suite la guerre, le pillage, l'invasion, la ruine et la honte.

La liberté n'a pas besoin de défenseurs.

Elle se défend toute seule, car elle est la VÉRITÉ.

XVI

LA NÉCESSITÉ DE L'IMPOT.

ARTICLE XIII..

Pour l'entretien de la force publique et pour les dépenses d'administration, une contribution commune est indispensable; elle doit être également répartie entre tous les citoyens, en raison de leurs facultés.

Qui dit société, dit administration; il y a toujours, même dans l'état le plus rudimentaire, des services à assurer, des fonctions à remplir. Services et fonctions exigent des employés, et tout employé exige un salaire. C'est pour cela que nous retrouvons l'impôt dès les premières origines des sociétés. Il est nécessaire, et tous les membres de la société doivent y concourir, en raison des services qu'ils réclament et des garanties que la société leur accorde. Ainsi il est évident que le gros propriétaire payera davantage que le petit fermier, et cela simplement parce que le premier a un bien plus considérable à garder que le second. Un second point qu'il est essentiel de ne pas négliger dans la répartition de l'impôt, c'est la fortune des citoyens. Le riche doit être plus imposé que le pauvre, en un mot, chacun doit payer en proportion de ce qu'il possède et de la protection qu'il réclame de l'Etat.

Avant 1789, l'impôt comme toute chose était souverainement arbitraire. La terre dont la plus grande partie était entre les mains de la noblesse, ne payait rien. En effet, lorsqu'après la conquête de la Gaule, les chefs des Francs distribuèrent à leurs *leudes* ou fidèles le sol pris aux vaincus, les possesseurs des fiefs devaient en échange de ce qu'ils recevaient, le service militaire, quand le *Suzerain* faisait la guerre. C'était l'impôt du sang que payaient les maîtres de la terre, à la place d'une redevance en argent. Plus tard, quand toute la nation participa aux guerres, l'ancien usage ne s'en maintint pas moins pour cela, et quand la Révolution arriva, il était établi en droit que toute terre noble était exempte de taille.

Quant aux biens du clergé, fort considérables également, ils étaient exempts d'impôt comme possessions de l'Église, et par ainsi, la propriété foncière était complétement dégrevée. Tout le poids des contributions publiques retombait sur la richesse mobilière, et c'est cet état de choses qui, joint aux dépenses excessives des deux règnes de Louis XIV et de Louis XV, prépara la fameuse banqueroute, que Necker, malgré toute son habileté, ne put conjurer.

Aussi était-ce là un point important à obtenir, et l'Assemblée se trouva-t-elle avoir fait un immense pas quand il fut adopté que tous les citoyens, sans distinction de classe ni de caste, devaient contribuer à la dépense publique, en raison de leurs facultés. L'inégalité de charges, conséquences de l'inégalité sociale par . la naissance, tombait à son tour. De même que le citoyen n'était plus rien que par lui-même, que son mérite seul, et non ses aïeux, lui traçait sa place dans la société, de même aussi sa naissance ne l'exemptait plus de l'impôt. Tous y passeront, le ministre comme le prolétaire.

Et maintenant, le dernier mot est-il dit dans cette grave question de l'impôt ? Avant 89, tout en frappant une seule classe, celle des producteurs, il affectait les formes les plus diverses ; dîme, taille, capitation, gabelle, droits multiples étaient autant de bouches par lesquelles le pouvoir attirait à lui l'argent des contribuables.

Aujourd'hui le nom est changé, mais la chose est restée. L'impôt frappe tout et se perçoit sur tout. Une seule chose lui échappe, et c'est la seule qui doive être taxée, à savoir *le revenu*. La fortune mobilière s'est considérablement développée, et c'est elle qui supporte le moins de charges. Or, l'impôt sur le revenu, depuis longtemps perçu en Angleterre sous le nom de *income-taxe*, est le seul légitime, et qui répond à l'organisation démocratique de la société. C'est lui aussi qui est le plus conforme au principe posé par l'Assemblée, à savoir que chaque citoyen doit contribuer aux charges publiques, en raison de ses facultés.

Maintenant que nous avons démontré la nécessité d'un impôt, nous allons examiner son mode de perception et son assiette. Après avoir prouvé sa légitimité, il nous reste à démontrer par qui et dans quelle mesure il doit être appliqué. C'est l'étude que nous allons aborder.

XVII

VOTE DE L'IMPOT.

ARTICLE XIV.

Tous les citoyens ont le droit de constater par eux-mêmes ou par leurs représentants la nécessité de la contribution publique, de la consentir librement, d'en suivre l'emploi, et d'en déterminer la quotité, l'assiette, le recouvrement et la durée.

Une fois la nécessité de l'impôt bien établie, il s'agit maintenant de déterminer comment, par quelles voies, il doit être levé, ainsi que la somme à percevoir et le temps pendant lequel le pays doit le donner. Tous les citoyens étant imposés proportionnellement à leur fortune et aux risques que la société doit leur garantir, tous aussi ont le droit d'examiner ces différentes questions et de donner leur avis. Mais comme ces plébiscites répétés sont trop fatigants, que d'ailleurs leur fréquence même les empêcherait d'atteindre le but qu'ils visent, on fait pour l'impôt ce qu'on a fait pour la loi. Un certain nombre de citoyens se réunissent et choisissent un des leurs qui devient leur délégué ou représentant. Lorsque les différents groupes d'électeurs ont ainsi nommé leurs mandataires, ces derniers se réunissent pour délibérer sur les questions qui leur sont soumises, et finalement pour approuver et désapprouver au nom du peuple, dont ils sont les ayants-droit, les propositions qui leur sont présentées dans ce but par le gouvernement.

Leur premier devoir est de s'assurer de

la nécessité de la contribution. A cet effet, ils doivent examiner avec soin les besoins des services publics, se préoccuper de ce que réclame chacun d'eux, entrer dans les détails les plus minutieux. C'est ce qu'on appelle établir un budget. Les députés cal culent combien il faut dépenser pour chaque branche de l'administration, ce qui doit revenir à chaque partie du service, et ils fixent la somme totale en conséquence.

Ce budget doit être voté librement et sans pression. Obtenu autrement, le vote perdrait toute sa valeur, et le droit des citoyens serait de refuser un impôt ainsi consenti.

Toute contribution qui n'a pas été accordée par les délégués de la nation, après débat public et contradictoire, est nulle de plein droit et ne doit pas être payée.

Maintenant, une fois le budget voté, les députés doivent en suivre l'emploi, c'est-à-dire s'assurer que l'argent versé par les contribuables est bien réellement dépensé pour le but qui lui a été assigné. Ce contrôle doit être fait très-sérieusement, car un centime seulement qui serait détourné de la destination à lui indiqué dans le vote du budget, serait un vol fait à la nation. Cette innovation, fort gênante pour le pouvoir mais fort utile pour les intérêts du peuple, était une des plus importantes de l'Assemblée. En effet, avant la Révolution, la caisse publique et la bourse royale étaient confondues. Le souverain puisait librement et sans contrôle dans les coffres de l'État pour ses plaisirs, et c'est ainsi que les folles prodigalités des deux règnes de Louis XIV et Louis XV avaient amené les désastres financiers, qui finalement amenèrent la convocation des États généraux.

Avec le principe posé dans cet article, le retour de ces scandales devenait impossible, et l'impôt sorti de la poche du travailleur, ne risquait plus d'aller s'égarer dans le boudoir de quelque courtisane, ou dans la bourse d'un favori décavé.

Et non-seulement le citoyen doit surveiller l'emploi de l'impôt, mais aussi déterminer la manière de le recouvrer.

Sous l'ancienne monarchie, ce soin était abandonné à des *traitants* qui, sous le nom de fermiers généraux prenaient à bail la rentrée des contributions. Ils payaient au roi une somme fixe, et alors l'État leur cédait tous ses droits. Ces traitants usaient de la plus grande violence et ne se faisaient pas faute d'employer les rigueurs pour augmenter encore leurs bénéfices illicites. En somme, le plus clair des revenus du royaume restait entre leurs mains.

Il fallait couper cet abus dans sa racine, et l'Assemblée décida que l'impôt serait prélevé par l'État, et que tout citoyen avait le droit et le devoir de s'inquiéter de la manière dont on le percevait.

Enfin en dernier lieu, ces impôts ne peuvent être consentis pour une durée illimitée. Les circonstances qui les ont motivés peuvent changer, la fortune des citoyens

subit des transformations, et il est nécessaire de fixer un terme où l'assiette et la
quotité de l'impôt sont renouvelées. Ordi-
nairement c'est pour l'année courante que
les députés assurent la rentrée des contributions. On appelle cela *un exercice*.

Le vote des lois, celui de l'impôt et son
emploi, voilà ce qui constitue les éléments
de la souveraineté. L'Assemblée les a mis
entre les mains du peuple. A lui de ne pas
les lâcher et de choisir ses délégués de
telle façon que sur ces trois points capitaux ils répondent à ces aspirations. Le
bonheur, la sécurité et la grandeur d'une
nation en dépendent.

XVIII

LA RESPONSABILITÉ DES FONCTIONNAIRES
PUBLICS.

ARTICLE XV.

La société a le droit de demander compte à tout agent public de son administration.

De l'ensemble des principes posés par l'Assemblée, il résultait que l'administration de l'État est le fait des citoyens. Sous le régime qui venait de tomber, l'État, le gouvernement, l'administration, le roi était tout. Les Français formaient une grande famille, dont le souverain était le père, et sur laquelle il avait toute autorité. La fortune publique était *sa* fortune, le pays était *sa* propriété et les habitants *ses* sujets. Donc il ne devait de compte à personne et les actions de *ses* employés ne pouvaient être contrôlées que par lui.

L'Assemblée, après avoir posé en principe la souveraineté du peuple, et avoir démontré que tout pouvoir qui n'en émane pas, soit directement, soit indirectement, est illégal, l'Assemblée, disons-nous, était naturellement conduite à décider la responsabilité du fonctionnaire. En effet, la nation lui a confié un mandat, elle lui a dit : voilà une partie des affaires publiques. Tu as l'ambition de t'en occuper. Rien de plus juste ; seulement sache que dans un délai déterminé tu auras à me rendre compte de ta gestion, et que ton caractère de fonctionnaire ne peut nullement te couvrir, si tu es en faute.

Que de malheurs, que de tribulations

les peuples éviteraient-ils s'ils se confor-
maient tous à cette mesure éminemment
sage et tellement élémentaire qu'elle saute
pour ainsi dire aux yeux de tout homme
non prévenu. Et que d'amers regrets leur
seraient épargnés, si moins crédules, ils ne
se livraient pas quelquefois avec une aveu-
gle et folle confiance, liant de leurs propres
mains le nœud coulant qui finira par les
étrangler.

Et la France, qui a la première enseigné
ces nobles maximes à l'humanité, la France
qui les a scellées de son sang, fut aussi la
première à les oublier. Ivre de gloire, aveu-
glée par une renommée de conquérant, elle
laissa le vainqueur de Rivoli devenir
l'homme du 18 brumaire, et par sa coupable complaisance fit de Bonaparte Napoléon I. Elle permit au général victorieux
de défaire l'œuvre des législateurs de 89, et
muette, impassible, elle assista à la mort
de toutes ses libertés. Elle vit cette belle
constitution de 1793, qu'on peut appeler à

juste titre la charte de la liberté, elle la vit, disons-nous, remplacée par celle du 22 frimaire an 8 (13 décembre 1799) l'œuvre la plus odieusement despotique qui se puisse rencontrer.

Le premier consul, quand il arrangea, à l'usage de son goût dominateur, les lois préexistantes, trouva que ce contrôle de tous les actes, de *tous* les agents du gouvernement serait fort gênant pour ses projets, et que pour régner comme il en avait l'intention, il fallait couper dans la racine ces velléités d'opposition. Il fit donc entrer dans sa nouvelle constitution ce fameux article 75, contre lequel tous les hommes honnêtes et amis de la liberté, n'ont cessé de protester jusqu'à nos jours, parce qu'il est l'abus le plus criant de la tyrannie.

Voici cet article

« Les agents du gouvernement, autres que les ministres, ne peuvent être poursuivis pour des faits relatifs à leurs fonctions, qu'en vertu d'une décision du conseil d'Etat ; et en ce cas la poursuite a lieu devant les tribunaux ordinaires. »

Grâce à lui, un infime agent de police peut molester les citoyens dans leur fortune, attenter à leur vie, il restera impuni. Car la formalité du recours au conseil d'Etat est illusoire. Elle est longue, coûteuse et n'aboutit à rien.

Les fonctionnaires de la nation deviennent de cette manière les humbles valets du pouvoir, et forcément se font les complices de ses volontés bonnes ou mauvaises.

Le principe de l'Assemblée est seul vrai. Tout agent public est responsable devant la nation. Sans cette responsabilité, la liberté n'est pas possible.

XIX

SÉPARATION DES POUVOIRS.

ARTICLE XVI.

Toute société dans laquelle la garantie des droits n'est pas assurée, ni la séparation des pouvoirs déterminée, n'a point de constitution. »

L'Assemblée était arrivée au terme de son travail. En quelques articles clairs et simples, elle avait résumé les droits de l'homme et du citoyen. Elle avait désormais rendu inséparables ces deux qualités. Elle avait délimité le rôle de chacun dans la

société et tracé à chaque membre du corps
social, la sphère d'activité dans laquelle il
devait se mouvoir pour contribuer à l'utilité générale. L'ensemble de son œuvre
surgissait maintenant dans toute sa splendeur; il s'agissait de reprendre le tout
après avoir examiné les détails.

L'Assemblée se rappela que tous les malheurs qui s'étaient abattus sur la France,
provenaient uniquement de ce que la
royauté n'avait devant elle aucun frein,
aucune limite. Elle décida qu'un peuple ne
ne saurait vivre sans constitution, et que
cette dernière, pour répondre à son but,
doit garantir les droits de chacun. Mais
pour garantir ces droits, il est essentiel que
toute la souveraineté ne repose pas, même
momentanément, entre les mains d'un seul
homme, et l'Assemblée fixa ce grand principe, base de toute société moderne, *la séparation des pouvoirs.*

Avant 1789, tout était pêle-mêle, chaos
et confusion; l'enchevêtrement était si

grand que rien n'était délimité, et par cela même l'arbitraire était forcé, nécessaire, car à chaque instant ceux qui exerçaient une portion d'autorité, se trouvaient amenés par la force des choses, à dépasser leurs prérogatives.

Après que Louis XI et Henri IV eurent établi l'unité du royaume, au profit du roi, il arriva que toute autorité émanant de lui directement, ceux qu'il en investissait, l'avaient complète et absolue comme la sienne propre. Les gouverneurs de province et les intendants étaient des souverains au petit pied, qui jouissaient de toutes les prérogatives de la couronne, à l'exception toutefois de celle de battre monnaie et de confectionner des lois.

Pouvoir administratif, judiciaire et militaire se confondaient entre leurs mains, et il en résulta naturellement une gestion mauvaise des affaires publiques. Héritiers des anciens seigneurs, les gouverneurs de provinces avaient chacun leur petite cour, et constituaient en France autant de petits Etats, gouvernés par des despotes d'autant plus insupportables, qu'ils étaient soumis encore à l'autorité royale.

L'Assemblée établit d'abord une division plus rationnelle du territoire. Elle substitua aux provinces, trop grandes, trop étendues, inégales en proportion, les départements qui se correspondaient à très-peu de chose près pour la valeur territoriale.

Elle délimita ensuite nettement les trois sortes de pouvoir qui concernent la chose publique.

Le préfet devint le chef de la hiérarchie administrative et de lui ressortissait tout ce qui regardait l'administration proprement dite. Le tribunal de première instance attira à lui tout ce qui rentrait dans les questions judiciaires, et enfin la subdivision militaire centralisait toutes les affaires qui dépendaient de la guerre.

Cette séparation de pouvoirs, organisée dans les détails, l'Assemblée la compléta dans l'ensemble. Pour la généralité du territoire, elle créa à côté de l'exécutif, un corps législatif, et c'est ainsi que désormais les lois ne pouvaient plus être faites par celui qui devait les exécuter. Autrefois le souverain était à la fois juge et partie. A dater de l'innovation introduite par l'Assemblée, le régime constitutionnel était inauguré. Le roi régnait, mais la nation gouvernait.

Ainsi, pour qu'un peuple vive, pour qu'il ait une existence sociale, il est indispensable qu'il y ait une constitution. Celle-là une fois votée, tous les citoyens doivent s'y soumettre, quittes à demander par voie hiérarchique et légale les changements et modifications que le temps et l'expérience leur auront suggérés, car la constitution est perfectible.

Mais pour qu'une constitution soit valable, pour qu'elle oblige les citoyens et qu'elle ait droit à leur obéissance, il faut qu'elle renferme ces deux points capitaux :

Garantie des droits de chacun, et séparation des pouvoirs. Autrement elle serait viciée dans son principe.

Une constitution qui pécherait ainsi par la base, ne peut qu'amener des révolutions.

L'expérience l'a prouvé.

XX

L'EXPROPRIATION POUR CAUSE D'UTILITÉ
PUBLIQUE.

ARTICLE XVII.

La propriété étant un droit inviolable et sacré, nul ne peut en être privé, si ce n'est lorsque la nécessité publique, légalement constatée, l'exige évidemment, et sous la condition d'une juste et préalable indemnité.

Comme nous l'avons déjà démontré précédemment, la propriété n'est autre chose que le fruit accumulé de l'épargne, qui elle-même est la fille du travail. Sous quelque forme que la propriété se manifeste, qu'elle soit mobilière ou immobilière, elle a toujours le travail pour origine. Quand Proudhon a dit que la propriété était le vol, il entendait parler du premier possesseur, et encore le mot n'est-il pas juste. Il est de toute évidence que le premier qui a trouvé un champ inculte et auquel personne ne prétendait, qui a cultivé ce champ et lui a fait produire des fruits, n'a pas commis un vol. Voler c'est enlever un objet à un autre qui le détient légalement, et ce champ n'était détenu par personne. Du reste, ce mot même est un non-sens, car en disant que la propriété est le vol, il indique par là même qu'il y a propriété, puisqu'il parle de vol, et que le vol ne peut s'exercer que sur un objet *appartenant* à quelqu'un.

Quoi qu'il en soit, aujourd'hui et dans l'état de la société actuelle, le principe de propriété existe. Et non-seulement il existe, mais il est juste, légitime, sacré, parce qu'il provient du travail, qui est lui aussi légitime et sacré. Quand le citoyen a rempli son devoir, quand il a rendu à la société un service utile sous forme de travail, les fruits lui en appartiennent de plein droit, et nul ne peut les lui enlever. Donc le propriétaire ou celui qui possède a le droit de garder ce qu'il a, que cela lui vienne de son propre travail ou par héritage. Car depuis le jour où la conquête a donné la première propriété, le travail lui a fait subir tant de transformations qu'elle en est le produit dans la stricte acception du mot.

Du reste, le droit de propriété est ancien comme les sociétés humaines. La Bible nous raconte qu'Achab, roi d'Israël, désirant acquérir la vigne de Naboth qui touchait à son jardin, le vigneron refusa absolument de la lui céder malgré des offres supérieures à la valeur de sa terre. Le roi ne put en avoir raison qu'en le faisant accuser faussement, ce qui lui permit de le faire mettre à mort et de confisquer pour lui l'héritage convoité.

Tout le monde se rappelle aussi cette jolie fable du meunier de Sans-Souci que nous avons tous apprise dans notre enfance, et dans laquelle il est prouvé comme quoi le roi de Prusse, Frédéric II, respecta le droit de propriété de son voisin, le meunier.

Il existe cependant un cas où le propriétaire peut être dépossédé contre son gré de son champ ou de sa maison. C'est lorsqu'il s'agit de l'intérêt général, qui, comme nous l'avons démontré, doit toujours primer l'intérêt particulier.

Lorsqu'il est question, par exemple, de construire une route, un chemin de fer, un canal, ou d'élever un bâtiment d'utilité générale, dont la masse de la population doit profiter, il est de toute évidence que dans ce cas, il faut passer outre si le possesseur ne veut pas céder volontairement la place où doivent passer la route, le canal, le

chemin de fer, où doit se construire le bâtiment. L'intérêt de la société est engagé.
Seulement la dépossession ou expropriation
ne peut s'opérer que moyennant une indemnité préalable.

La propriété doit être estimée à sa juste
valeur, ni trop haut pour que la société n'y
perde pas, ni trop bas pour que le déten-
teur légal ne soit pas frustré indirectement
et lésé dans son droit. Une fois cette formalité accomplie, le prix intégral doit être
versé entre les mains du possesseur, qui
alors seulement perd son droit de propriété.
La société désormais lui succède dans son
droit. Elle a acquis sa propriété pour un
usage public, et le public peut maintenant
en profiter.

Ainsi, dans ces conditions, la propriété
peut être violée, si toutefois cela peut s'appeler ainsi. Mais la juste évaluation et le
payement préalable de l'indemnité doivent
précéder l'expropriation, autrement la sanction légale lui manquerait.

C'est la seule exception à la loi de la propriété, et cette exception même ne fait que mieux ressortir encore l'importance et le caractère de ce droit, qui donne à chacun la libre jouissance des fruits de son travail.

XXI

DEVOIRS.

L'ensemble des articles que nous venons d'analyser, constitue la déclaration des Droits de l'homme et du citoyen, votée par acclamation dans la séance du 12 août 1789. Quelques discussions avaient cependant eu lieu à ce sujet dans l'Assemblée, et Mirabeau notamment voulait que le mot *Droits* ne fut pas employé.

Voici comment M. Thiers dans son *Histoire de la Révolution* raconte cette séance :

« Après ces soins indispensables donnés

à la tranquillité publique et aux finances,
on s'occupa de la déclaration des droits. La
première idée en avait été fournie par La-
fayette, qui lui-même l'avait empruntée aux
Américains. Cette discussion, interrompue
par la révolution du 14 juillet, renouvelée
au 1er août, interrompue de nouveau par l'a-
bolition du régime féodal, fut reprise et dé-
finitivement arrêtée le 12 août. Cette idée
avait quelque chose d'imposant qui saisit
l'Assemblée. L'élan des esprits les portait à
tout ce qui avait de la grandeur ; cet élan
produisait leur bonne foi, leur courage, leurs
bonnes et leurs mauvaises résolutions. Ils
saisirent donc cette idée, et voulurent la
mettre à exécution. S'il ne s'était agi que
d'énoncer quelques principes particulièrement méconnus par l'autorité dont on venait
de secouer le joug, comme le vote de l'impôt, la liberté religieuse, la liberté de la
presse, la responsabilité ministérielle, rien
n'eût été plus facile. Ainsi avaient fait jadis
l'Amérique et l'Angleterre. La France au-

rait pu exprimer en quelques maximes net-
tes et positives les nouveaux principes qu'elle
imposait à son gouvernement ; mais la
France, rompant avec le passé, et voulant
remonter à l'état de nature, dut aspirer à
donner une déclaration complète de tous les
droits de l'homme et du citoyen. On parla
d'abord de la nécessité et du danger d'une
pareille déclaration. On discuta beaucoup
et inutilement sur ce sujet, car il n'y avait
ni utilité ni danger à faire une déclaration
composée de formules auxquelles le peuple
ne comprenait rien ; elle n'était quelque
chose que pour un certain nombre d'esprits
philosophiques, qui ne prennent pas une
grande part aux séditions populaires. Il fut
enfin décidé qu'elle serait faite et placée en
tête de l'acte constitutionnel. Mais il fallait
la rédiger, et c'était là le plus difficile. Qu'est-
ce qu'un droit ? c'est ce qui est dû aux hommes. Or, tout le bien qu'on peut leur faire
leur est dû ; toute mesure sage du gouvernement est donc un droit. Aussi tous les

projets proposés renfermaient la définition de la loi, la manière dont elle doit se faire, le principe de la souveraineté, etc. On objectait que ce n'étaient pas là des droits, mais des maximes générales. Cependant il importait d'exprimer ces maximes. Mirabeau, impatienté, s'écria enfin : « N'employez pas le mot de droits, mais dites : Dans l'intérêt de tous il a été déclaré... » Néanmoins on préféra le titre plus imposant de déclaration des droits, sous lequel on confondit des maximes, des principes, des définitions. Du tout on composa la déclaration célèbre placée en tête de la constitution de 91. Au reste, il n'y avait là qu'un mal, celui de perdre quelques séances à un lieu commun philosophique. Mais qui peut reprocher aux esprits de s'enivrer de leur objet? Qui a le droit de mépriser l'inévitable préoccupation des premiers instants? »

L'œuvre était faite. Pendant deux ans elle dormit dans les cartons de l'Assemblée, jusqu'à ce qu'elle fut placée en tête de la consstitution du 14 septembre 1791.

Les deux constitutions suivantes, celle du 4 décembre 1793 et celle du 22 août 1795 la conservèrent également en la modifiant et en développant davantage les différents articles. La dernière la divisa en deux catégories distinctes : 1° les *Droits* comprenant 22 articles, les *Devoirs* répartis en 9. Ce complément était utile, sinon indispensable, et, ajouté à l'œuvre des législateurs de 89, en fait un ensemble parfait et répondant à toutes les aspirations d'une société démocratique.

Nous allons examiner successivement ces devoirs et voir comment les membres de la convention complétèrent l'œuvre de leurs devanciers.

Une déclaration des devoirs était d'autant plus urgente, à cette époque, que 93 avec sa terreur avait passé. La révolution avait accompli ses grandes phases. Elle avait profondément remué toutes les couches sociales, élevé le bourgeois, affranchi le prolétaire, donné la terre aux paysans et fait pénétrer dans les masses les idées de liberté et d'indépendance. Des excès sanglants avaient marqué la dernière partie de sa route. Les massacres de septembre, cette tache indélébile non effacée, étaient encore dans la mémoire de tous. Il était donc urgent de rappeler aux citoyens le respect de la loi, la sainteté du contrat social, l'inviolabilité de la vie humaine et de la propriété, et par-dessus tout la haine de l'arbitraire.

La proclamation des devoirs débute ainsi :

« La déclaration des droits contient les obligations des législateurs : le maintien de la société demande que ceux qui la composent, connaissent et remplissent également leurs devoirs.

« Tous les devoirs de l'homme et du citoyen dérivent de ces principes gravés par la nature dans tous les cœurs :

« Ne faites pas à autrui ce que vous ne voudriez pas qu'on vous fît ;

« Faites constamment aux autres le bien que vous voudriez en recevoir. »

En effet, par l'oubli des devoirs, on avait vu la société française tout près de s'effondrer dans l'affreux cataclysme de la terreur d'abord, de la réaction thermidorienne ensuite.

Pendant des mois, le sang coula à flots, et la hideuse *délation* faisait son office. Ce fléau des sociétés antiques, qui avait décimé la Rome païenne, qui, au seizième siècle avait couvert l'Europe de deuil, que l'Inquisition avait emprunté au césarisme, venait de reparaître. Le père dénonçait son fils, le frère le frère, et il suffisait d'un mot, d'un geste, pour être accusé d'aristocratie, et les accusés du tribunal révolutionnaire étaient bientôt des cadavres.

Les deux grands principes de la morale, et qui sont également, comme nous l'avons déjà vu, la base de la liberté, étaient donc de nouveau placés en tête de la Constitution, et la Révolution sociale de 89 revenant à son point de départ, complétait ainsi la Révolution égalitaire tentée par Jésus dix-huit siècles auparavant.

Définissant ensuite les devoirs, l'Assemblée dit :

« Les obligations de chacun envers la société consistent à la défendre, à la servir, à vivre soumis aux lois, et à respecter ceux qui en sont les organes. »

Ainsi, le respect de la loi, au-dessus de tout, voilà le point principal. Le citoyen n'est quelque chose que pour autant qu'il connaît les lois de son pays, et il n'a rien à attendre de la société, s'il ne la sert avec amour, fidélité et constance. Tous ses actes doivent être conformes à la loi, et toute sa conduite doit être une preuve du respect qu'il a pour ceux qui en sont les organes, et qui sont chargés de les appliquer.

Les devoirs de la famille sont aussi compris par l'Assemblée dans l'ensemble des obligations, et avec raison. Le citoyen en effet doit faire chez lui l'apprentissage de la vie publique, et c’est à son foyer qu’il puisera les premiers enseignements qu’il complétera plus tard dans l’école du citoyen.

« Nul, dit la proclamation, n’est bon citoyen s’il n’est bon fils, bon père, bon frère, bon ami, bon époux. »

L’enfant, en respectant les auteurs de ses jours, en les aimant et les servant, en donnant son affection et sa vénération à ceux qui lui assurent la vie matérielle et la satisfaction de ses exigences, saura aussi plus tard remplir ses engagements envers cette autre mère, la société, qui le soigne et le guide à l’égal de la première.

Il doit être bon père, c’est-à-dire aimer le travail, fuir l’oisiveté et les mauvaises actions, donner de bons préceptes à ses enfants, et par ainsi il accomplira le grand devoir social, se rendre utile à tous.

Il doit être bon frère, c’est-à-dire serviable, facile et prompt à obliger, indulgent pour les défauts d’un autre, et alors il aura aussi ces vertus en société et il sera forcément aussi bon ami.

Enfin, il doit être bon époux, c'est-à-dire remplir ses devoirs civiques, aimer et estimer la mère de ses enfants, et avoir toujours en vue le bien de sa famille et le bien de la société.

L'ensemble de ces vertus domestiques peut seul constituer un bon citoyen.

C'est surtout l'obéissance aux lois qui constitue aux yeux des législateurs de 1795, le grand devoir civique.

Ainsi ils disent : « Celui qui viole ouvertement les lois, se déclare en état de guerre avec la société. »

En effet, si les lois sont mauvaises, les citoyens peuvent toujours avoir recours à ceux qui sont chargés de les faire, et qui conséquemment peuvent aussi les modifier.

Cependant, il est des circonstances où la loi peut être tellement inique, tellement contraire au pacte social, que son maintien mettrait la société en péril. Il peut arriver que les citoyens usent vainement alors de leur droit de réclamation, et que le pouvoir reste sourd à leur appel.

Mais dans ces cas, toutes les constitutions reconnaissent aux citoyens le droit à l'insurrection, comme sacré et légitime, et la considèrent même comme un devoir civique. Quand le corps social est opprimé, quand des lois injustes et vexatoires lui sont imposées, et que les pétitions restent sans effet, il ne reste alors plus au peuple qu'à en appeler à la force brutale.

C'est pour cela que la Révolution de 89 fut légitime. C'est pour cela aussi que celles de 1830 et de 1848 sont justifiées devant l'histoire. La première eut pour cause les fameuses ordonnances de juillet qui anéantissaient la liberté de la presse, la seconde le refus du cabinet de modifier la loi électorale, et par ainsi le peuple, ne pouvant obtenir justice autrement, fut obligé de se la faire lui-même.

Hors de là, la loi est maîtresse, et maîtresse absolue.

Mais ce n'était pas tout que de défendre la violation *ouverte* des lois. Il est mille circonstances dans la vie civile, où, sans enfreindre la loi positivement, on peut la tourner, l'éluder, en d'autres termes, comme on dit vulgairement, passer entre les mailles du code. Cette manière d'agir est tout aussi antisociale et beaucoup plus répréhensible encore que la première, car au crime de violer la loi, on ajoute ainsi le plus odieux de tous les vices, celui qui les comprend tous, c'est-à-dire l'hypocrisie.

Aussi le législateur stigmatise-t-il avec énergie et flétrit-il celui qui se conduit ainsi : « Il blesse, dit-il, les intérêts de tous ; il se rend indigne de leur bienveillance et de leur estime. »

Le principe de la propriété est également compté parmi les devoirs civiques, car dit l'Assemblée, « c'est sur le maintien des propriétés que reposent la culture des terres, toutes les productions, tout moyen de travail et tout l'ordre social. »

Ainsi, on le voit, les principes de 89 ne conduisent pas à la destruction de la propriété ; bien au contraire. Les citoyens qui s'étaient chargés d'apprendre aux hommes leurs droits et leurs devoirs, n'étaient pas de ces rêveurs sans idée sérieuse, de ces utopistes qui poursuivent un vain songe, et s'épuisent dans de stériles efforts. Ils voulaient organiser le travail, et ils savaient fort bien que la propriété, née du travail, en est aussi la base la plus assurée.

Enfin ils concluent en ces termes : « Tout citoyen doit ses services à la patrie et au maintien de la liberté, de l'égalité et de la propriété, toutes les fois que la loi l'appelle à les défendre. »

Cette seule phrase résume tout ce qui précède. Le devoir essentiel, primordial, renfermant tous les autres, est de défendre la liberté au nom de la loi. Toute sa vie doit être une constante application de cette loi, et c'est en vertu de son principe qu'il doit combattre toute oppression.

C'est ainsi que commença le règne de la légalité.

Hélas! quelques années à peine s'étaient écoulées, que déjà tout l'édifice croulait, écrasé sous la main d'un despote ambitieux. Mais si Bonaparte a enchaîné la Liberté au 18 brumaire, elle n'en est pas morte pour cela. Elle a la vie dure, et après le 2 décembre elle est encore forte et vivace. C'est au peuple à dire si l'heure définitive de son règne a sonné.

Veut-il encore abdiquer sa dignité et son indépendance!

Il n'a qu'à le dire. Les guetteurs de couronne sont là, à l'affût.

Peuple! sois viril!

Montre-toi et dis au monde : Je veux la République.

Ce jour-là le trône ne sera plus qu'un souvenir, un meuble antique et hors d'usage.

XXII

CONCLUSION.

Telle est, dans son ensemble, l'œuvre élaborée par la grande Assemblée nationale de 1789.

La société tout entière venait d'être renouvelée. De l'ancien monde il ne restait plus rien, rien que des regrets et des souvenirs. Le droit moderne était fondé. Assis sur des bases immuables, il pouvait défier le temps.

La Révolution commencée au nom de la Liberté, l'Égalité et la Fraternité, venait

d’achever son code. L’abolition de tous les
priviléges, l’autorité absolue et sans contestation de la loi, la souveraineté restituée à
son véritable propriétaire, au peuple, la liberté de la presse et de la conscience, la séparation des pouvoirs, la responsabilité de
tous les agents publics, le respect de la propriété, voilà les grandes conquêtes de cette
époque.

Aussi la joie fut-elle universelle lors de
la déclaration de ces Droits. Chacun sentait
qu’une nouvelle ère commençait, que l’oppression avait fini son règne, que la Justice
et l’Égalité gouvernaient désormais le
monde.

Malheureusement la France oublia souvent depuis, les sages enseignements de ses
législateurs. Les despotes qui, à différentes
reprises, se sont imposés à elle, ont tous
cherché à empêcher le peuple de s’instruire.
L’ignorance a été leur principal moyen de
domination.

Quand tout le peuple saura lire, quand

chacun pourra comprendre et raisonner ses droits et ses devoirs, les révolutions deviendront impossibles, parce que tout le monde sera en état de juger la monarchie à sa valeur.

C'est donc au peuple à s'instruire au plus vite.

Que les paysans, les bourgeois, que tous sachent ce qu'ils doivent à la Révolution. Qu'ils apprennent enfin que sans elle ils ne seraient rien, et que par elle ils sont arrivés à ce qu'ils sont aujourd'hui.

C'est grâce à elle que toi, paysan, tu possèdes la terre que ton grand-père cultivait comme tenancier pour un seigneur quelconque. C'est grâce à elle que tu es affranchi de toutes les sujétions vexatoires dont souffrait ton aïeul. C'est grâce à la Révolution que toi, ouvrier, tu peux travailler où tu veux, choisir le métier qui te convient, et débattre librement ton salaire avec ton patron.

C'est encore grâce à elle que toi, bourgeois, tu es un homme libre, pouvant aspirer aux fonctions publiques, et t'élever par ta capacité jusqu'aux premières places dans la société.

C'est toujours grâce à elle que la particule nobiliaire n'est plus obligatoire pour administrer et gérer la chose publique.

C'est grâce à elle que ton fils à toi, paysan, qui cultives la terre, porte, s'il va à l'armée, son bâton de maréchal de France dans sa giberne.

C'est grâce à elle que toi protestant, toi juif, tu as un état civil, et que tu es l'égal de tes concitoyens au lieu de monter sur le bûcher allumé par le fanatisme et l'intolérance.

C'est grâce à elle enfin que vous tous, gens des villes et des campagnes, ouvriers, artisans, paysans et bourgeois, vous n'êtes plus rossés par des laquais insolents, que vous ne payez plus les droits de garenne, de four, etc., etc., en un mot, que vous avez le monde moderne au lieu du moyen âge.

Méditez cela et demandez-vous après ce que vous désirez.

Une fois instruits, si vous voulez encore revenir à l'ancien régime, vous le ferez au moins en connaissance de cause.

Peuple instruis-toi ! peuple moralise-toi !

C'est là le complément indispensable des principes de 89.

TABLE DES MATIÈRES

EXTRAIT DU CATALOGUE

HISTOIRE DES PAYSANS

Par Eugène BONNEMÈRE

Deuxième édition, entièrement refondue et considérablement augmentée.

2 volumes in-18. . . . . 7 fr.

Jusqu'à ce jour, on comptait par centaines les ouvrages qui portent à leur première page le mot : HISTOIRE. Les histoires naturelles, les histoires universelles, les histoires générales, les histoires particulières, se pressaient en masses serrées sur les rayons des bibliothèques et dans les vitrines des libraires. Les empires, les provinces, les cités ont leurs chroniques ; les héros, les grands hommes et les scélérats ont leurs biographies... Chacun des animaux possède sa monographie détaillée ; on sait comment vivent et meurent les fourmis, les abeilles, les vers à soie, etc., etc. Mais jusqu'à présent aucun historien, ancien ou moderne, n'avait même essayé de faire l'histoire du PAYSAN, ce grand nourricier de la *Patrie*. On connaît les faits et gestes de tous les grands ravageurs de l'humanité, les poètes ont célébré leurs actions... mais pas un seul n'a parlé du paysan que pour en faire une sorte de héros champêtre, toujours couronné de fleurs et jouant de la flûte au milieu des champs en gardant des moutons.

Pourquoi donc, au lieu du *Roman champêtre*, n'a-t-on pas cherché à écrire l'HISTOIRE. Tant de millions de paysans n'ont-ils laisssé aucune trace, et ne méritent-ils aucun souvenir ?

M. E. Bonnemère a pensé que si, et malgré les difficultés qui étaient inhérentes à son œuvre, il a créé un ouvrage dont l'intérêt est puissant, où l'on voit se dérouler la longue liste des souffrances qu'ont enduré nos pères, en ces temps funestes que quelques-uns appellent (sans doute par antithèse) « *le bon vieux temps*, » et c'est l'âme attristée que l'on ferme ce volume en songeant aux malheurs accumulés sur l'humanité par l'ignorance et le fanatisme.

Un point où M. Bonnemère se trompe, selon nous, c'est lorsqu'il dit que son ouvrage ne sera pas lu par ceux qu'il intéresse, car selon lui, *le Paysan* ne lit pas en France...... Le succès qu'obtient son œuvre prouve le contraire.

MANUEL DE DROIT PUBLIC

A L'USAGE DU CITOYEN

Par S. BURY

1 beau volume in-8°. . . . . 6 fr.

Institutions politiques des principaux peuples d'Europe et d'Amérique. — Droit public de la Confédération suisse. — Droit public du canton de Vaud.

LES CONSTITUTIONS FRANÇAISES

VOTÉES PAR LES CHAMBRES DEPUIS 1788 JUSQU'EN 1870

RÉUNIES ET PUBLIÉES

Par F.-L. PLOUARD
Avocat à Abbeville.

1 volume in-8°. . . . . . . 5 fr.

DE L'INTELLIGENCE COLLECTIVE DES SOCIÉTÉS

—

COURS

DE

LÉGISLATION CONSTITUTIONNELLE

DONNÉ PAR

M. JAMES FAZY

A l'Université de Genève.

1 volume in-8°. . . 6 fr.

GRENVILLE-MURRAY (E.-C.) — **Les Hommes du second Empire**. Silhouettes contemporaines. 1 vol. in-12. Traduit de l'anglais, par Auguste Dapples. 3 fr. 50

Les Hommes de la troisième République.

1re Série : A. Thiers. — Barthélemy Saint-Hilaire. — Dufaure. — J. Simon. — Pothuau. — Mac-Mahon. — Faidherbe. — E. Picard. — Grévy. — Gambetta. — Louis Blanc. — V. Hugo. — Rochefort. Traduit de l'anglais avec l'autorisation de l'auteur, par Henri Testard. 1 volume in-12. . . . . 3 fr. 50

2e Série : — Casimir Périer. — Duc de Broglie.— D'Audiffret-Pasquier. — Duc d'Aumale. — Dupanloup. — Rouher. — Emile de Girardin. — Alexandre Dumas. — Edmond About. — Erckmann-Chatrian. — Victorien Sardou. — Louis Veuillot. — Père Hyacinthe. — Beulé. — Paul de Cassagnac. — 1 vol. in-12. . . . . . 3 fr. 50

ÉTUDES

SUR LES

MOUVEMENTS POPULAIRES

ET EN PARTICULIER

SUR CEUX DE PARIS

Par VALARAY

Étude philosophique. — Étude analytique.
Étude politique.

1 volume in-12. . . . . 5 fr.

LE CRIME DE LA GUERRE

DÉNONCÉ A L'HUMANITÉ

Par DUPASQUIER

AVEC UNE PRÉFACE DE F. PASSY

2ᵉ ÉDITION

1 volume in-12. . . . . . 3 fr.

Ouvrage couronné par la Société des Amis de la Paix.

HISTOIRE

DE LA

FONDATION DES ÉTATS GERMANIQUES

Par MAX WIRTH

Traduit de l'allemand par la baronne DE CROMBRUGGHE

2 volumes in-8°. . . . . . 12 fr.

LA

PHILOSOPHIE DE LA LIBERTÉ

Par Ch. SECRETAN

1re *Partie* : **L'Idée.** — 2e *Partie* : **L'Histoire.**

2 volumes in-8°. . . . . . . 10 fr.

LA

SCIENCE DE LA PAIX

Par Louis BARA

Programme. — Mémoire couronné à Paris en 1849, par le congrès des Sociétés anglo-américaines des Amis de la paix.

1 vol. in-8° . . . . . 6 fr.

RÉFORME ÉLECTORALE

—

TRAVAUX DE L'ASSOCIATION RÉFORMISTE

DE GENÈVE

(1865—1871)

Recueillis par Ernest NAVILLE

Avant-propos. — I. La Patrie et les Partis. — II. Programme de l'Association réformiste. — III. Statuts de l'Association réformiste. — IV. Assemblée générale du 17 mars 1865. (Rapport de M. Amberny et pétition relative à la réforme des procédés électoraux.) — V. Circulaire du Comité d'administration du 1er septembre 1865. (Réforme des procédés électoraux). — VI. Réforme du système électoral. — VII. Pratique du nouveau système électoral. — VIII. Pétition au grand Conseil pour la réforme électorale. — IX. Exposition et défense du système de la liste libre, publiée par le bureau de l'association réformiste — X. Tableau comparatif du système actuel et du système nouveau. — XI. La question électorale en Europe et en Amérique. — XII. La réforme électorale, discours prononcé à Zofingue par Ernest Naville, le 20 août 1868. — XIII. De la question électorale dans le canton de Genève, par A. Morin (1869). — XIV. Le Fond du sac, lettre sur la question électorale, adressée à un membre du grand Conseil de Genève, par Ernest Naville. — XV. Rapport présenté au grand Conseil de Genève, par le professeur Charles Lefort, au nom de la majorité de la commission chargée d'examiner la proposition de M. Roget sur la représentation proportionnelle. — XVI. Rapport à l'appui de la représentation proportionnelle, présenté au grand Conseil de Genève, par Amédée Roget. — XVII. Rapport sur l'état de la question électorale à Genève et à l'étranger, présenté à l'Association réformiste, par Ernest Naville. — XVIII. Le système de la liste libre modifié conformément aux dernières décisions de l'Association réformiste.

1 fort volume in-8°. . . . . 8 fr. 50

—

ÉDUCATION NATIONALE

Collection de volumes à 5 cent.

En vente :

1. Alphabet patriotique.
2. Cours de lecture.
3. Cours d'arithmétique.
4. Cours de grammaire.
5. Choix de bons auteurs.
10. Système métrique.
11. Problèmes.
12 et 13. Histoire générale.
14. Géographie générale.
15. Cours d'hygiène.
16. Choix de bons auteurs.

21 et 22. Cours de physique.
23. Exercices de français.
24. Choix de bons auteurs.
29 et 30. Dictionnaire orthographique.
31. Cours de géométrie.
32. La comptabilité.
33. Choix de bons auteurs.
34 et 35. Cours de chimie.
36. Cours d'écriture.
37. Géographie de la France.

Pour paraître prochainement :

40. Choix de bons auteurs.
41. Physiologie.
42. Histoire de la terre.
43. Cosmographie.
48. Arpentage.
49. Cours de dessin.
50 à 52. Histoire générale.

53 et 54. Droit usuel.
55. Choix de bons auteurs.
60. Economie politique.
61. Géographie de l'Europe.
62 et 63. Dictionnaire des verbes.
64. La sténographie.

L'HISTOIRE NATIONALE

DEPUIS LES ORIGINES JUSQU'A NOS JOURS

Fera 24 numéros ou petits volumes in-32 à 5 cent. l'un. C'est la dernière limite du bon marché. 12 sont en vente, les autres suivront incessamment.

La série de 4 numéros avec une fort jolie couverture, 25 cent., et 40 cent., *franco*, par la poste. Les séries 1 et 2 sont en vente, les autres suivront incessamment.

L'Histoire nationale déjà fort appréciée par les gens compétents, est publiée par les soins de la Société de l'**Education populaire.**

CATÉCHISME NATIONAL

A l'usage des jeunes Français

SOMMAIRE : I. Là Patrie. — II. La France. — Coup d'œil. — Institutions. — III. L'Impôt. — IV. Devoirs et Droits. — La Justice. — La Loi. — V. Le Travail. — VI. Classes. — VII. Instruction et Éducation. — Minimum des connaissances. — VIII. Les Femmes. — IX. Les Vertus et les Vices. — La Mort. — Résolution quotidienne.

Jolie brochure de 100 pages, 30 cent., et 40 cent., FRANCO, par la poste.

BIBLIOTHÈQUE FRANKLIN

Collection de volumes in-32, à 30 centimes de 150 à 192 pages.

Avec un joli cartonnage anglais : 60 centimes.

1. **La Science du Bonhomme Richard**, OU LE CHEMIN DE LA FORTUNE, par B. Franklin, précédée de *la Jeunesse de Franklin*, par E. Laboulaye.

2. **La Religion de la Santé**, principes d'hygiène, par le Dr Blackwell, traduction et préface de Mme Meunier.

3. **L'Histoire du travail**, par Frédéric Passy, honorée d'un *Rapport* très-favorable de M. Amédée Thierry, à *l'Académie des Sciences morales et politiques*.

4. **Ce qu'on voit et ce qu'on ne voit pas**, par Bastiat, avec une notice biographique et des notes par Frédéric Passy.

5. **Les Héroïnes de la Charité**, par Mme W. Monod.

6. **La Mort de l'Ivrogne**, par Charles Dickens, traduction par Roger Dalton, avec une notice biographique.

7. **Les Travers des Paysans**, par l'abbé Tounissoux.

8. **Histoire de la Jacquerie**, par Eug. Bonnemère.

9. **La Prévision du Temps**, par Zurcher et Margollé.

10. **La Question sociale**, par Charles Robert.

11. **Le Code civil** mis à la portée de tous. — I. DES SUC-
CESSIONS, par P. Farine, avec figures explicatives.

12. **Turgot**, par Félix Cadet, avec un portrait.

13. **Capital et Rente**, par F. Bastiat, avec portrait.

14. **Causeries sur la Mécanique**, par Michel Laporte, avec
figures.

15. **Histoire de France**, par Eug. Bonnemère, tome I, de
l'invasion de Jules César à l'avènement des Valois.

16. **Histoire de France**, tome II, les Valois.

    Chaque volume est accompagné d'une gravure.

17 à 20. **Histoire de France**, tomes III à VI (sous presse).

21 à 24. **Le Code civil**, mis à la portée de tous, par P. Farine, tomes II et suivants.

25. **Promenades géologiques à travers le ciel**, par Stanislas
Meunier.

26. **La Grève des Patrons**, par H. Escoffier.

27. **Les Syndicats professionnels**. — CHAMBRES DE PA-
TRONS, par J.-L. Havard.

28. **La Russie actuelle**, par Ad. Martin, avec une carte.

29. **La Solidarité du Capital et du Travail**. — Conférence
sur les intérêts et les devoirs réciproques des patrons et des ouvriers, par Frédéric Passy.

30. **Le Triomphe progressif de la Loi sur la Force**. Étude
historique rétrospective par Henry Richard, membre
de la Chambre des Communes. Trad. de l'anglais
avec autorisation de l'auteur par J. Butler, avec une
préface de Frédéric Passy.

BIBLIOTHÈQUE A 3 SOUS

—

LES IDÉES DE JEAN-FRANÇOIS

Par Jean MACÉ

Vient de paraître :

I. — LA SÉPARATION DE L'ÉGLISE ET DE L'ÉCOLE.
II. — LA DEMI-INSTRUCTION.
III. — LA SOUTANE DE L'ABBÉ JUNQUA.
IV. — LA VÉRITÉ DU SUFFRAGE UNIVERSEL.

———

L'INSTRUCTION OBLIGATOIRE

AUX ILES SANDWICH

1 volume in-32. . . . . 20 c.

———

Saint-Denis. — Imprimerie J. Brochin.

Saint-Denis. — Imprimerie J. Rrochin.

9 782014 101492